"Vorsicht, Herr Buback!"

Der Generalbundesanwalt im Dunkel der Viermächte

Artur Braun

ISBN: 9781790825240

Gewidmet all denen, die ihr Leben der vorbehaltlosen Aufklärung von Verbrechen gewidmet haben.

Artur Braun

INHALTSVERZEICHNIS

VORWORT

Der Mordanschlag auf Generalbundesanwalt Siegfried Buback als obersten Ankläger der Bundesrepublik Deutschland im April 1977 stellte phänomenologisch einen erfolgreichen Frontalangriff auf den westdeutschen Staat dar. Noch heute beanspruchen Mitglieder der Roten Armee Fraktion dieses Attentat als Erfolg des Widerstands gegen die Bundesrepublik, der diese mit militärischer Präzision und auf Augenhöhe zur Staatsmacht in eine Staatskrise gestürzt hatte. Buback spielte als Bundesanwalt eine wahrnehmbare Rolle im Ost-West-Konflikt der 60er und 70er Jahre. Mit dem Auslaufen der Ära der Entspannungspolitik wurde er zum Generalbundesanwalt berufen und zum Protagonisten der Terrorbekämpfung. Die sogenannten „Kissinger Cables", diplomatische Verschlußsachen der USA aus den Jahren 1973-1976, erlauben einen Blick darauf, welche Mühen der Generalbundesanwalt den Alliierten und der Bundesregierung bis kurz vor seiner Ermordung bereitete. Zweck dieses Manuskripts ist die Analyse zum Wirken Bubacks in den Wendungen des Ost-West-Konflikts der 60er und 70er Jahre aufzunehmen und zu einer Darstellung derselben aus diplomatischer und strategischer Sicht der Alliierten und der Bundesregierung zu geraten.

1 Juristischer Abschluss 38 Jahre nach der Tat

Im Frühjahr 2015 hat Generalbundesanwalt Harald Range beim Bundesgerichtshof die Ermittlungen zum Mord am früheren Generalbundesanwalt Siegfried Buback und seinen beiden Begleitern Wolfgang Göbel und Georg Wurster gegen sieben Angehörige der Roten Armee Fraktion (RAF) eingestellt[1]. Ausschlaggebend für die Einstellung der Ermittlungen sei nach Darstellung der Behörde gewesen, daß alle Beschuldigten wegen vereinigungsbezogener Straftaten bereits langjährige Freiheitsstrafen verbüßt hätten. Womöglich wird die Öffentlichkeit nie erfahren[2], wer den Generalbundesanwalt und seine beiden Begleiter in einem brutalen Terroranschlag am 7. April 1977 ermordet hat.

---

1   Britta Pedersen, dpa, in: Zeit Online – Zeitgeschehen vom 19. Mai 2015. RAF – Ermittlungen zu Buback Attentat eingestellt. „Die Bundesanwaltschaft hat ihre Ermittlungen gegen mehrere ehemalige RAF-Terroristen wegen des Mordes an Siegfried Buback eingestellt."http://pdf.zeit.de/gesellschaft/zeitgeschehen/2015-05/raf-siegfried-buback-rote-armee-fraktion.pdf

2   Ludwig Greven, in: Die Zeit vom 6. Juli 2012. Becker-Urteil – Die vergebliche Mission des Michael Buback. "Mit hoher Wahrscheinlichkeit wird für immer ungeklärt bleiben, wer unmittelbar für den Tod seines Vaters und seiner beiden Begleiter verantwortlich war. Ein unbefriedigendes Ergebnis auch für die Öffentlichkeit, die mehr als drei Jahrzehnte nach dem blutigsten Jahr des RAF-Terrors mit diesem dunklen Kapitel der bundesdeutschen Geschichte abschließen möchte."
     http://www.zeit.de/gesellschaft/zeitgeschehen/2012-07/buback-attentat-verena-

Buback und seine Begleiter waren auf der Fahrt zur Generalbundesanwaltschaft von einem Motorradduo mit einem Schnellfeuergewehr ermordet worden. Wenn man den Namen des Täters wüßte, der den Finger am Abzug der Mordwaffe hatte, bliebe immer noch die nicht nur aus kriminalistischer Sicht interessante Frage, wer – symbolisch gesprochen - das Fadenkreuz auf das Opfer Buback gerichtet hatte. Diese Frage nach „Roß und Reiter" ist bisher nicht offen formuliert worden.

Juristisch, gerichtlich und damit von Staats wegen scheint der Terroranschlag ausreichend aufgeklärt, wenn auch die Wahrheitsfindung vor Gericht im Ergebnis nicht von Erfolg gekrönt war. Günter Sonnenberg, Rolf Heisler und Christian Klar – drei männliche Personen - wurden offiziell als Täter deklariert, angeklagt und verurteilt. Dabei gab es bereits am Tattag, dem 7. April 1977 um 09:30 Uhr, Minuten nach dem Anschlag, ein etwa fünf Minuten langes Radiointerview vom Journalisten und Korrespondenten Ulf Stuberger beim Südwestrundfunk SWR[3], der unter Berufung auf

---

becker/komplettansicht

3   Holger Schmid, ARD-Terrorismusexperte, hat das Radio-Interview von Ulf Stuberger morgens am 7. April 1977 gegenüber dem Deutschlandfunk im SWR-Archiv gefunden und am 5. Dezember 2014 bekanntgemacht im SWR-blog:
http://www.swr.de/blog/terrorismus/2014/12/05/buback-mord-auf-dem-motorrad-soll-eine-junge-frau-gesessen-haben/ Holger Schmid im Blog: „Es ist ein interessanter Archiv-Fund: Mehr als 38 Jahre nach dem Attentat auf Generalbundesanwalt Siegfried Buback und seine Begleiter ist eher zufällig ein (zumindest mir) bisher unbekanntes Interview vom Tattag aufgetaucht. Der Karlsruher Justiz-Journalist Ulf Stuberger berichtete damals in einem Telefon-Interview mit dem Deutschlandfunk aus Karlsruhe. Das Gespräch ist aus mehreren Gründen sehr hörenswert: Schon durch die Ruhe, mit der Ulf Stuberger berichtet, wirkt das Interview zwar etwas aus der Zeit gefallen – andererseits (sage ich selbstkritisch) täte eine solche Atmosphäre im Radio heute in aktuellen Lagen häufig gut. Auch die Präzision und Prägnanz seiner Schilderungen sind vorbildlich – zumal er ja kein Hörfunkjournalist ist und war. Auch inhaltlich lohnt sich eine genauere Betrachtung. Spektakulär ist Stubergers Satz gegen Ende des Interviews: „Auf dem Motorrad soll eine Frau gesessen haben". Wäre das Interview früher aufgetaucht, hätte Ulf Stuberger damit sicher einen Platz auf dem Zeugenstuhl im „Buback-Prozeß" gegen Verena Becker bekommen. Andererseits erläutert Stuberger im weiteren Verlauf des Interviews selbst, wie verworren und widersprüchlich die Informationslage am Vormittag des Tattages war. Interessant sind auch seine Schilderungen von zahlreichen Hubschraubern am Tatort – dieses Thema hat im Prozeß eine gewisse Rolle gespielt... ."

Augenzeugen berichtete: *"... und auf dem Rücksitz soll eine junge Frau gesessen haben"*.

Es ist bemerkenswert, mit welcher Gewißheit und Sicherheit die deutsche Justiz und die maßgebenden Stimmen der Polizei bis heute daran festhalten, daß die beiden Täter auf dem Motorrad männliche Personen gewesen seien. Eine Frau als Mittäterin könne ausgeschlossen werden[4], so die einhelligen Bekundungen derer, die die Mordanklage vorbereiteten. Und dies angesichts anderslautender, sogar gegenteiliger Zeugenaussagen, gemäß derer der Schütze auf dem Rücksitz des Motorrades eine zierliche Frau gewesen sein soll.

Im Juli 2012 wurde die seit 2008 von Prof. Dr. Michael Buback als Todesschützin verdächtigte[5] und für einen früheren Terroranschlag mit fahrlässiger bereits verurteilte Verena Becker[6] in einem Strafprozeß[7] wegen Beihilfe zum Mord an Buback zu vier Jahren Gefängnis verurteilt, wobei ihr individueller Tatbeitrag am Mord von Buback und Begleitern jedoch ungeklärt blieb.

Mit „*Im Vordergrund steht immer die Tat*" soll Bundesinnenminister Werner Maihofer die Sachlichkeit der Gerichtsverfahren der Terroristen gegen den Vorwurf des politischen Prozesses gerechtfertigt haben[8], wobei sich der

---

4   Hans Leyendecker, in: Süddeutsche Zeitung vom 17. Mai 2010, Die RAF und Verena Becker, Nur die innere Stimme spricht: „Im Dezember 2008 hatte der zuständige Abteilungsleiter der Bundesanwaltschaft in einem vierstündigen Gespräch den Angehörigen von RAF-Opfern erklärt, Becker könne als Mittäterin ausgeschlossen werden."

    http://www.sueddeutsche.de/politik/die-raf-und-verena-becker-nur-die-innere-stimme-spricht-1.170405

5   taz. die tageszeitung vom 6. Juni 2008. Neue RAF-Verdächtige im Fall Buback - Ermittlungen gegen Verena Becker, http://www.taz.de/!5180997/

6   Michael Buback, Der Zweite Tod meines Vaters, Taschenbuch, Knaur TB, 01.10.2009, 448 S.

7   OLG Stuttgart, Az.6-2 StE 2/10. Urteil vom 6. Juli 2012 in der Strafsache gegen Verena Becker wegen Beihilfe zum Mord in drei tateinheitlichen Fällen.

8   Otto Schily, in: „Politische Prozesse ohne Verteidigung?" Klaus Wagenbach/Berlin/1976, Politik 62, Hrsg.: Wolfgang Dreßen. Vgl. Gisela Diewald-Kerkmann, in: „Im Vordergrund steht immer die Tat ..." in Rechtsgeschichte - Zeitschrift des Max-Planck-Instituts für europäische Rechtsgeschichte, 2005, 7, 138-152.

eigentliche Tatvorwurf vielfach nicht beweisen ließ. Diesem unbefriedigenden Umstand ist geschuldet, daß an die Stelle des vielfach unbeweisbaren Tatvorwurfs der sogenannte Organisationsvorwurf trat, dem mit der Schaffung der Paragraphen 129 und 129a des Strafgesetzbuches, also der Zugehörigkeit zu einer kriminellen oder terroristischen Vereinigung Rechnung getragen war.[9]

Das Attentat auf Buback wurde bisher hauptsächlich mit Blick auf die – zuletzt kriminalistisch nicht ermittelten - Täter aus der Roten Armee Fraktion untersucht. Da die verurteilten Täter Klar, Sonnenberg und Wischnewski und die Gehilfin Becker bis heute kein Geständnis zur Tat abgegeben haben, liegt ein letzter grundsätzlicher Zweifel über der direkten Täterschaft am Mord an Buback und seinen Begleitern. Verena Becker zum Beispiel äußerte 2012 vor Gericht gegenüber Michael Buback, dem Sohn des ermordeten Generalbundesanwalts[10]: *„Sie wollen wissen, wer Ihren Vater getötet hat. Diese Frage kann ich Ihnen nicht beantworten. Denn ich war nicht dabei.“*

Ob Verena Becker vor Gericht die Wahrheit sagte, wissen wir nicht. Als Angeklagte vor Gericht durfte sie ungestraft schweigen oder auch die Unwahrheit sagen. Interessanter wäre sicherlich die Variante, wenn Frau Becker damit die Wahrheit gesagt hätte. Zum Tathergang läßt sich sagen, daß er vom Ergebnis her mit der Präzision und Professionalität eines militärischen Kommandos ausgeführt wurde, zu dessen Ausführung nur wenige Menschen physisch und psychisch befähigt sind.[11]

---

9   Gisela Diewald-Kerkmann, in: „Im Vordergrund steht immer die Tat …“ in Rechtsgeschichte - Zeitschrift des Max-Planck-Instituts für europäische Rechtsgeschichte, 2005, 7, 138-152. *„Tatsächlich stand im Mittelpunkt der meisten Verfahren der Organisationsvorwurf, wobei bereits die Zugehörigkeit eine eigenständige Straftat war. Im Prozeß gegen den Verteidiger Groenewold wegen Unterstützung einer kriminellen Vereinigung im Jahre 1978 machte dieser deutlich, daß es sich bei dem allgemeinen Organisationsvorwurf um eine Konstruktion handele, »weil die Beweise für die einzelnen Delikte nicht ausreichen«.* Siehe auch Frankfurter Allgemeine Zeitung vom 31. Januar 1978.

10   Gisela Friedrichsen, in: Der Spiegel, 14. Mai 2012, Verena Becker im RAF-Prozeß: "Ich war nicht dabei".

11   „Landshut“-Entführerin Souhaila Sami Andrawes Sayeh im Interview mit „Der Spiegel“ Ausgabe 3/1995, Seite 79: „Ich war noch ein Kind“. SPIEGEL: *Sind Sie vor der Entführung irgendwie eingewiesen worden?* Sayeh: *Um Himmels willen! Zwei Monate zuvor gab es so eine Art Training für alle Mitglieder der politischen Organisation. Etwas Gymnastik, Judo, ein wenig Selbstverteidigung und Waffenschulung: öffnen, laden, schießen. Wir versuchten, das mit geschlossenen Augen zu lernen. Und ein paar Tage vor dem Abflug nach Mallorca gab es noch eine*

Das Motorrad, welches die beiden Haupttäter für das Attentat benutzten, war ein Modell Suzuki 750 GS. Dieses Motorrad war erst Monate vor dem Anschlag auf dem deutschen Markt erhältlich und galt als schnellstes Serienmotorrad seiner Zeit. Skurrilerweise wurde es bereits Wochen vor dem Attentat auf Buback als „Sportskanone für Scharfschützen" in die Werbekampagne für Suzuki Deutschland eingeplant[12].

Die Beherrschung dieses Rennmotorrads mit Sozius „unter Kampfbedingungen" erfordert eine lange und gründliche sportliche Vorbereitung, wofür die entsprechende Infrastruktur nötig gewesen wäre. Wenngleich Werner Sonnenberg ein solches Motorrad geliehen hat, muß das noch nicht heißen, daß genau dieses auch für das Attentat benutzt wurde. Es wäre eine kühne Hypothese, daß ein zweites solches Motorrad [13] , eine

---

kurze Übung, da hat jeder mal eine Handgranate geworfen. Es war eher eine psychologische Vorbereitung als ein echtes Training."

12   Deutscher Werberat, www.werberat.de, die 70er. „Einige Tage nach dem Mord an Generalbundesanwalt Siegfried Buback und seinen zwei Begleitern erschien eine Anzeige der Motorradmarke (Suzuki), die auch die Mörder bei ihrer Tat benutzt hatten. Geworben wurde mit der Aussage "Die Sportskanone für Scharfschützen". Der Werberat stellte fest, daß diese Anzeige nachweislich bereits Wochen vor dem Mordanschlag konzipiert worden war, ebenso wie der Drucktermin der Zeitschrift vor dem Attentat lag. Eine absichtliche Verknüpfung mit dem Mord (durch Suzuki) war demnach auszuschließen. Dennoch beanstandete der Werberat das Sujet. Die Verwendung eines derart aggressiven und militärischen Vokabulars in der Motorradwerbung sei zu mißbilligen. Das Motiv wurde daraufhin nicht mehr eingesetzt."

13   Marcus Klöckner, in Focus Online, 4. Juli 2012. „Keine offene Ermittlung". Buback-Bruder rechnet mit Deutschland ab. Mittwoch. Ein Interview mit Rechtsanwalt Matthias Rätzlaff.   *RA Matthias Rätzlaff: Da ist zum Beispiel - die Tatsache, daß bei der Verhaftung Verena Beckers am 3. Mai 1977 gemeinsam mit Günter Sonnenberg die Tatwaffe und ein Schraubenzieher eines Suzuki-Motorrades gefunden wird, wie er bei dem zur Tat benutzten Motorrad fehlt. FOCUS Online: Der Sachverhalt mit dem Schraubenzieher ist laut Bundesanwaltschaft doch entkräftet, oder? RA Matthias Rätzlaff: Nein, ist er eben nicht. Denken Sie doch mal nach: Die RAF begeht einen Mord. Beim Tatmotorrad fehlt ein ganz spezieller Schraubenzieher und zufällig haben die beiden RAF-Mitglieder, die die Tatwaffe bei sich führen, aus dem Bordwerkzeug eines anderen Suzuki-Motorrades den Schraubenzieher entnommen, der beim Tatmotorrad fehlt. An einen solchen Zufall kann und will ich nicht glauben. Außerdem: Wenn Verena Becker die Tatwaffe von einem Dritten erhalten haben will, fragt man sich, warum sie in ihrer Einlassung nicht dessen Namen nennt.*

Dublette im Verkehr gewesen und für den Anschlag benutzt worden wäre –
von Tätern, von denen es bislang vielleicht keine Spur gibt.

Es gibt in der Tat Hinweise, die auf die Existenz eines zweiten Motorrads
im Tatzusammenhang schließen lassen, nämlich zwei baugleiche Suzuki
Schraubenzieher, von denen der eine bei Verena Becker und Werner
Sonnenberg gefunden wurden. Daher kann auch aus forensischer Sicht nicht
davon ausgegangen werden, daß endgültig Klarheit über Täterschaft und
Teilnahme am Attentat erlangt werden könnte.

2 Wirken und Werdegang von Siegfried Buback

Vor dem Hintergrund der so aufgetretenen Schwierigkeiten bei der
Identifizierung der Täter und allfälliger Hintermänner ist es angebracht, die
Person des Anschlagsopfers Buback eingehender zu studieren, insbesondere
seine Rolle als Ermittler in der Bundesanwaltschaft und seine Funktion im
Staatsapparat im allgemeinen.

Siegfried Buback war in seinem Amt als Bundesanwalt und später als
ranghöchster Ermittler der Bundesrepublik sehr erfolgreich und galt als
durchsetzungswilliger, harter Brocken [14]. Womöglich hat ihn gerade diese
Eigenschaft, dieser Ruf sein Leben gekostet. Mit der gleichen Hartnäckigkeit,
wie Generalbundesanwalt Siegfried Buback seine Ermittlungen geführt und
sein Amt wahrgenommen hat, verfolgt sein Sohn, der Chemieprofessor Dr.
Michael Buback, seine menschlich überaus verständliche Mission, die wahren
Mörder seines Vaters und dessen beider Begleiter ausfindig zu machen [15]. Ein
Ansinnen, welches auch von Teilen der Bevölkerung geteilt wird. Vater wie

---

14   Bundeskanzler Helmut Schmidt würdigte am 13. April 1977 in der Evangelischen
     Stadtkirche Karlsruhe bei einem Staatsakt für die Ermordeten Siegfried Bubacks
     Engagement: *"Er war ein harter Kämpfer für das Recht, für die demokratische Grundordnung, für
     die Sicherheit der Bundesrepublik Deutschland."*; Schmidt, Helmut; Buback, Siegfried; Göbel,
     Wolfgang; Wurster, Georg. Aufsatz in: Bulletin des Presse- und Informationsamtes der
     Bundesregierung, No. 35 (1977), p. 321-324.
15   Michael Buback, Der Zweite Tod meines Vaters, Taschenbuch, Knaur TB, 01.10.2009,
     448 S.

Sohn ist gemeinsam, daß sie mit ihrer Unnachgiebigkeit und Beharrlichkeit die Aufmerksamkeit der Öffentlichkeit gelegentlich mehr auf ihre eigene Person ziehen denn auf die Sache, an der sie arbeiten.

Der Name Siegfried Buback ist im Rückblick auf die 60er und 70er Jahre mit einer Reihe hochbrisanter Skandalfälle und Staatsnotständen untrennbar verbunden. Im brisantesten Jahr des kalten Krieges zwischen Ost und West, 1962, stand die Pressefreiheit in der jungen Bundesrepublik auf dem Spiel. Wegen Verdacht auf Landesverrat im Zusammenhang mit einem kritischen Artikel [16] zu einer NATO-Übung und der daraus gefolgerten mangelhaften Verteidigungsbereitschaft der Bundesrepublik war die Spiegel-Redaktion durchsucht und neben allen Redakteuren auch ihr Herausgeber Rudolf Augstein verhaftet worden. Der Fall entwickelte sich über Nacht zur bekannten Spiegel-Affäre, die international für Aufsehen sorgte.

So hatte Verteidigungsminister Franz-Josef Strauß, der die politische Verantwortung für die Affäre trug, den in Spanien in Urlaub befindlichen Conrad Ahlers, Hauptautor des „Wehrkraft zersetzenden Spiegel-Artikels", durch Vermittlung seines Militärattachés Oberst Oster [17] im damals noch von Diktator Franco regierten Spanien verhaften lassen. Die Spiegel-Affäre schlug national und international hohe Wellen und führte u.a. zum Rücktritt des Verteidigungsministers.

Siegfried Buback war in diesem Fall von behauptetem Landesverrat der Chefermittler für die Bundesanwaltschaft. Bundesanwalt Buback und der damalige Hamburger Innensenator und spätere Bundeskanzler Helmut Schmidt standen sich am 27. Oktober 1962 im Hamburger Polizeipräsidium zum ersten Mal gegenüber. Einen Tag, nachdem Staatsanwälte und Polizisten das Hamburger Pressehaus durchsucht und alle Redakteure verhaftet hatten. Es warf kein gutes Licht auf den noch jungen deutschen demokratischen Rechtsstaat, als seine Polizei und Staatsanwälte die Büroräume der Presse durchsuchten und reihenweise Verhaftungen vornahmen, um eine vermutete undichte Stelle bei der Bundeswehr ausfindig zu machen.

---

16   Der Spiegel Nr. 41/1962 vom 10.10.1962. Bundeswehr – Strategie - Bedingt abwehrbereit. Seiten 37-53.

17   Der Spiegel Nr. 25/1965, vom 6. Juni 1965, Ahlers Verhaftung – Bitte buchstabieren Sie. Seiten 23-34.

"Vorsicht, Herr Buback!"

Die Spiegel-Affäre, in der Erster Bundesanwalt Siegfried Buback als Chefermittler konsequent ermittelte – zuletzt sogar gegen den damaligen Hamburger Innensenator Helmut Schmidt wegen Landesverrats [18,19] entwickelte sich zu einer ernsten Regierungskrise für das christdemokratische Kabinett unter Bundeskanzler Adenauer. Während der Regierungskrise spielten sich skurrile Szenen ab wie etwa, daß Bundeskanzler Konrad Adenauer den Chef seines ressorteigenen Nachrichtendienstes, BND-Chef Reinhard Gehlen, im Kanzlerbüro durch seinen Justizminister Wolfgang Stammberger verhaften lassen wollte[20].

---

18   Der Spiegel 39/2012, Seite 76, Spiegel Affäre: Schmidt in Bubacks Visier. Abgedruckt sind Auszüge aus der Vernehmung von Spiegel-Herausgeber Rudolf Augstein durch Bundesanwalt Siegfried Buback: Rudolf Augstein bleibt von allen SPIEGEL-Leuten am längsten in Haft, auch über Weihnachten hinweg. Immer wieder lässt ihn Staatsanwalt Buback zum Verhör antreten. Und immer wieder kommt der auf eine Person zu sprechen: Helmut Schmidt.
"Kann es zutreffen", fragt Buback, "daß Sie die Materialsammlung (gemeint sind die bei Augstein gefundenen Unterlagen -Red.) mit folgender Randbemerkung versehen haben: ‚Helmut Schmidts Ansicht'?"
Augstein: "Das ist durchaus möglich, aber ich habe daran keine Erinnerung. Mir ist auch kein Zusammenhang gegenwärtig, der solch eine Bemerkung sinnvoll erscheinen ließe."
Buback hält ihm die Stelle vor - Augstein: "*Ich habe daran keine Erinnerung.*"
Buback: "Handelt es sich bei dem Namen Helmut Schmidt um den Hamburger Innensenator?"
Augstein: "Wenn es zutreffen sollte, daß ich den Namen Helmut Schmidt in einer Marginalie aufgeführt habe, dann müsste es sich um den jetzigen Hamburger Innensenator handeln. Einen anderen militärisch relevanten Herrn dieses Namens kenne ich nicht."
Im Januar 1963 leitet die Bundesanwaltschaft ein Ermittlungsverfahren gegen Innensenator Helmut Schmidt ein - wegen Beihilfe zum Landesverrat. Heute legen Politiker ihr Amt im Allgemeinen nieder, wenn gegen sie ermittelt wird. Schmidt hingegen bleibt. Seine Parteifreunde und auch führende Christdemokraten seien sich einig gewesen, die Sache "tiefer zu hängen" (siehe Interview Seite 74).
19   Der Spiegel 39/2012, Seiten 74-75; „Umtaufen in Strauß-Affäre" Ex-Kanzler Helmut Schmidt, 93, über das 1963 gegen ihn eingeleitete Ermittlungsverfahren der Bundesanwaltschaft und seine Kontakte zu SPIEGEL-Titelautor Conrad Ahlers.
SPIEGEL: *Hatten Sie den Eindruck, daß die Bundesanwaltschaft wirklich an Landesverrat* (Anm. d. Autors: Landesverrat durch den Hamburger Innensenator Helmut Schmidt im Zusammenhang mit der Spiegel-Affäre) *glaubte?* Schmidt: *Das weiß ich nicht, aber sie hat es jedenfalls mit Eifer vertreten. Seitdem war mein Verhältnis zur Bundesanwaltschaft gestört.*
20   DIE ZEIT (Nr. 42), vom 15. Oktober 1971. Was Gehlen verschwieg (Was Gehlen verschwieg. Weiße Flecken in den Memoiren des ehemaligen BND-Chefs – Ein

12 Jahre später, als die sozialliberale Koalition unter Bundeskanzler Willy Brandt die Regierung in Bonn stellte, würde es zu einer weiteren Staatskrise kommen. Der Kanzler der Entspannungspolitik zwischen Ost und West, Willy Brandt, stürzte damals, im Mai 1974 über die Entdeckung, daß sein persönlicher Sekretär Günter Guillaume ein Ost-Spion war. Guillaume hatte sich bei seiner Verhaftung als Offizier der Nationalen Volksarmee der DDR zu erkennen gegeben. Brandt teilte Bundespräsident Gustav Heinemann am 6. Mai 1974 seinen Rücktritt mit.

Die Ermittlungen zum Fall des Kanzleramtsspions Günter Guillaume wurden seinerzeit ebenfalls von Bundesanwalt Buback geführt. Buback war vom 31. Mai 1974 bis zu seinem Tode am 7. April 1977 Generalbundesanwalt beim Bundesgerichtshof.

Es gibt Behauptungen, wonach SPD-Generalsekretär Herbert Wehner den Rücktritt von Willy Brandt betrieben habe[21]. Und es gibt Vermutungen, daß der Bundesnachrichtendienst BND lange vor Guillaumes Verhaftung, nämlich bereits 1954 Hinweise darauf gehabt hatte, daß Guillaume ein Spion sein könnte [22]. Der BND hätte bewußt und aus politischem Kalkül darauf

---

Gespräch mit dem Geheimdienstexperten Hermann Zolling). Im Kanzleramt forderte Kanzler Adenauer seinen Justizminister Stammberger auf: *Sie müssen den Herrn Gehlen verhaften.'* Denn Gehlen habe, so Adenauer, die Vorbereitungen der Aktion gegen den ‚Spiegel' dem Oberst Wicht, also dem BND-Außenstellenleiter Nord, verraten.

21 August H. Leugers-Scherzberg, Herbert Wehner und der Rücktritt Willy Brandts am 7. Mai 1974, in: Vierteljahrshefte für Zeitgeschichte Jg. 50 (2002); Nr. 2, S. 303-322.

22 Der Spiegel 41/1974, Der Fall Guillaume. „Zwei Tage nach Eingang des Boehlke-Fernschreibens im Kanzleramt erhielt Schlichter am 17. Dezember auch von der zweiten Stelle, die er um Auskunft gebeten hatte, dem BND, Nachricht über seinen Bewerber. Oberst Heinz Rafoth, stellvertretender Leiter des Bonner BND-Büros, übergab eine Meldung seiner Pullacher Zentrale: Nach einer auf ihren Wahrheitsgehalt hin nicht mehr überprüfbaren Karteinotierung vom April 1954 soll Günter G., geb. 1. 2. 27 in Berlin, damals wohnhaft Lehnitz, Florastraße 6, im Auftrag des Verlages "Volk und Wissen" die BRD mit dem Zweck bereist haben, um Verbindungen zu Verlagen, Druckereien und Personen herzustellen und diese dann östlich zu infiltrieren. Keine weiteren Erkenntnisse. Nachdem Schlichter diese Meldung gelesen hat, ruft er am 18. Dezember Rafoth an und fragt ihn nach der Güte der Quelle. Rafoth leitet diese Anfrage an die BND-Zentrale im Pullach weiter. Dort geht sie über den Schreibtisch des Regierungsdirektors Heinz Hagemann, der sie nach Überprüfung seiner Unterlagen mit der Bemerkung versieht: "Quelle ist zuverlässig, war zu der Zeit im gleichen Verlag

verzichtet, diese Bedrohung Bundeskanzler Brandt zeitnah mitzuteilen. *Nota bene* – der BND ist eine Behörde, die der Aufsicht des Bundeskanzleramts untersteht.

Am 1. Juli 1975 berichtete das US-amerikanische Konsulat per vertraulichem Telefax (Electronic Telegrams) an das US State Department Einzelheiten zur Eröffnung des Gerichtsverfahrens gegen das Ehepaar Guillaume vor dem Oberlandesgericht Düsseldorf. Das Verfahren vor Gericht sei weitestgehend geheim, weswegen es in einem abhörsicheren Kellerraum des Gerichts, 100 Meter vom Konsulat entfernt, stattfinden würde[23]. Bis heute sind die Ermittlungsakten zum Fall Guillaume zum Teil Verschlußsache. Daher ist es sehr schwierig, etwaige tiefere Verstrickungen und Hintergründe zum Fall Guillaume zu verifizieren.

Buback ließ sich bei der Durchführung seines verfassungsgemäßen Auftrags (anders als mancher seiner Nachfolger) nicht von politischen Opportunismen leiten oder gar beeinträchtigen. Man mußte davon ausgehen, daß ein intelligenter Ermittler vom Formate Bubacks, der auch unter sehr hohem äußeren Druck stets die Nerven behielt, ebenso erfolgreich Licht in das Dunkel der Verstrickung von Terrorismus, Geheimdiensten und Geheimpolitik bringen würde, wie es ihm schon ansatzweise im Fall des Kanzleramtsspions Guillaume gelungen war. Insoweit könnte Michael Buback, Sohn des ermordeten Generalbundesanwalts, richtig liegen, wenn er sagt [24,25] *„Ich habe schon als Junge gedacht, meinen Vater holt mal die Stasi. Mein Vater hat sich sein Arbeitsleben lang mit Landesverrat und Spionage befaßt. Wenn man ihm ans Leder wollte, dann deshalb."*

Wie bereits geschildert, hatte Bundesanwalt Siegfried Buback in einer ganzen Reihe von Spionagefällen ermittelt – in einer Zeit, in der täglich etwa zwei neue Ermittlungsverfahren eingeleitet wurden[26]: Ein deutliches Zeichen

---

und hatte entsprechende Einblicksmöglichkeiten." Dieser Vermerk geht zusammen mit dem ersten Auskunftsersuchen Schlichters und der BND-Antwort auf dem Dienstweg zu BND-Chef Gerhard Wessel.“

23 The National Archives (NARA) (Access to Archival Databases) AAD, US State Department, Cable Document Number 1975DUSSEL00793. „Subject: Guillaume spy trial opened in Duesseldorf“ vom 1. Juli 1975. http://aad.archives.gov/aad

24 Prof. Dr. Michael Buback, in: Hannoversche Allgemeine, 25. Mai 2009.

25 Märkische Onlinezeitung 25. September 2009, http://www.moz.de/artikel-ansicht/dg/0/1/75965.

einer Infiltrierung der Bundesrepublik und West-Berlins durch Spione und Agenten aus dem kommunistischen Machtraum. Unterdessen betrieb der sozialdemokratische Kanzler Willy Brandt außenpolitisch die Annäherung mit dem Osten, welche als Entspannungspolitik in die deutsche Geschichte einging und weltweit große Beachtung fand. Es gab allerdings auch Gegner dieser Entspannungspolitik im Osten wie im Westen.

3   Beginn des Terrors der 70er Jahre

In etwa zeitgleich fand in Westdeutschland die Radikalisierung und schließlich Kriminalisierung der linken 68er Studentenbewegung statt, welche u.a. in die Gründung der linken Terrorgruppe Rote Armee Fraktion (RAF) mündete. Die Studentenunruhen Ende der 60er Jahre mündeten ebenfalls in eine Krise, als der Student Benno Ohnesorg am 2. Juni 1967 und Studentenführer Rudi Dutschke am 11. April 1968 erschossen wurden. Benno Ohnesorg starb durch die Pistolenkugel des Berliner Polizisten Karl-Heinz Kurras.

Es ist ein interessantes historisches und erst im Jahr 2009 im Zusammenhang mit der Analyse von veröffentlichten Stasi-Akten ans Tageslicht getretenes Detail, daß Karl-Heinz Kurras, der Mörder von Ohnesorg, nicht nur ein Westberliner Polizeibeamter, sondern auch ein Stasi-Agent war.[27]

Als Reaktion auf die zunehmende Zahl der Todesopfer unter den Anhängern extremistischer studentischer Organisationen durch Polizeibeamte bildete sich im Januar 1972 die „Bewegung 2. Juni". Sie hatte terroristische Angriffe gegen Funktionsträger in Staat und Wirtschaft zum Ziel.

---

26   Deutscher Bundestag, Stenographischer Bericht, 226. Sitzung, Bonn. Parl.
Staatssekretär Dr. de With auf die Frage von MdB Spranger (CDU) nach der Zahl der
eingeleiteten Ermittlungsverfahren in der BRD bzgl. Spionagefällen aus der DDR und
Ostblockstaaten seit Anfang 1975. Mittwoch, den 10. März 1976.

27   Helmut Müller-Enbergs, Cornelia Jabs, Der 2. Juni 1967 und die Staatssicherheit,
Deutschland Archiv: Zeitschrift für das vereinigte Deutschland, 42 (2009) 3, S. 395-
400.

4 Sowjetischer Widerstand gegen GBA-Ermittlungen in Berlin

Am 27. Februar 1975 entführten Mitglieder der „Bewegung 2. Juni" den CDU Politiker und Berliner Bürgermeisterkandidaten Peter Lorenz, um inhaftierte RAF-Mitglieder freizupressen. Generalbundesanwalt Buback hatte die Ermittlungen zum Fall [28] an sich gezogen, weil mit der Forderung der Entführer auf Freilassung von inhaftierten RAF-Mitgliedern bundesdeutsche Verfassungsorgane genötigt worden waren.

Buback ermittelte somit in Berlin und rechnete bereits mit Einwänden seitens der sowjetischen Besatzungsmacht[29]. Bubacks offensive Gangart bei seinen Ermittlungen in Berlin, begleitet von selbstbewussten Auftritten und offenen Erklärungen vor der Presse, sorgten bei den sowjetischen Vertretern der Vier Siegermächte für ernsthafte Verstimmungen.

Ein Artikel in der 40. Ausgabe des Spiegel (27.9.1976, *"Ein Löffelchen"*) wirft ein Licht darauf, wie der dienstbeflissene und umtriebige Generalbundesanwalt seine Kompetenzen in Berlin nach Meinung der Alliierten, insbesondere der Sowjets überschritten hatte und bei einer Pressekonferenz am 23. September 1976 vom damaligen Bundesjustizminister Jochen Vogel, also gut ein halbes Jahr vor seiner Ermordung, mit den Worten zurückgepfiffen werden mußte: *"Vorsicht, Herr Buback!"* [30]

Bei jener Pressekonferenz wurde von einem der Reporter die Frage gestellt, wer denn eine Anklageschrift aus Karlsruhe zu unterzeichnen hätte. Die korrekte Antwort auf diese zunächst unverfängliche Frage hätte lauten müssen, daß der Generalbundesanwalt alle Klageschriften aus Karlsruhe unterschreibt. Bis kurz vor dieser Pressekonferenz hätte das auch noch für

---

28   Matthias Dahlke, „Nur eingeschränkte Krisenbereitschaft" Die staatliche Reaktion auf die Entführung des CDU-Politikers Peter Lorenz 1975, Vierteljahreshefte für Zeitgeschichte 2007, 55(4) 641-681.

29   Wolf Lamprecht und Hans-Wolfgang Sternsdorf, in: Der Spiegel nr. 6/1976, Seiten 30-38, „Der Rechtsstaat auf dem Hackklotz", im Interview mit GBA Buback: „*Von Bedenken der Alliierten ist mir nichts bekannt. Natürlich müssten wir sie vorher unterrichten – schon damit sie uns abdecken, wenn der Osten protestiert.*"

30   Der Spiegel 40/1976, „Ein Löffelchen", 27. September 1976, S. 116-118.

eine Anklage in Berlin wie im Fall Lorenz gelten können, wie die vergangenen 25 Jahre davor (gemäss Berlin Kommandantura Order BK/O (51) 63[31], BK/L (69) 13).

Jedoch hatten im September 1976, eine Woche vor dieser Pressekonferenz, die Drei Mächte mit einer neuen Berlin Kommandantura Order eine generelle Zuständigkeit der Bundesanwaltschaft für Ermittlungen in Berlin untersagt. Eine solche Order war diplomatisch von Frankreich angeregt und favorisiert worden, wie sich aus Protokollen zur deutschen Außenpolitik ergibt. [32] Allerdings hatte bereits früher Großbritannien auf eine engere Kontrolle der Zuständigkeiten des GBA (Generalbundesanwalt) gedrängt, wie sich aus vertraulichen Protokollen der US-Botschaft ergibt[33].

Bundesjustizminister Hans-Jochen Vogel befürchtete wohl eine weitere unbedachte Äußerung des GBA zu dessen nunmehr aktuell und offiziell eingeschränkten Zuständigkeit für Berlin, weswegen dieser ihn vor seiner Antwort auf die Frage des Journalisten mit der Warnung „Vorsicht, Herr Buback!" abschnitt.

Nach damaliger Berliner Ansicht, so Justizsenator Jürgen Baumann, habe es bei den Alliierten vielleicht nur eine vorübergehende Verstimmung darüber gegeben, daß sich der Generalbundesanwalt durch seine Aktivitäten in Berlin

---

31   BK/O (51) 63: Schreiben der Alliierten Kommandantur der Stadt Berlin vom 13. November 1951 über die Befugnisse der Besatzungsbehörden an den Regierenden Bürgermeister und den Präsidenten des Abgeordnetenhauses betreffend „Klarstellung gewisser Beziehungen, die sich aus der verfassungsmäßigen Stellung Berlins ergeben". Siehe dazu auch „Studien und Gutachten aus dem Institut für Staatslehre, Staats- und Verwaltungsrecht der Freien Universität Berlin, Heft 5, Das richterliche Prüfungsrecht in Berlin, von Dr. Peter Hauck, Verlag Duncker & Humblot / Berlin 1969.

32   Horst Moller, Klaus Hildebrand, Gregor Schollgen. Akten zur Auswärtigen Politik der Bundesrepublik Deutschland. Aufzeichnungen von Feit, 8. Juli 1976.

33   NARA AAD, US State Department, Cable Document Number 1976USBERL01017 vom 13. Mai 1976. „As Embassy will be aware from Reftels which repeated relevant intra-Berlin messages, we have for some time adopted reserved attitude toward project pushed by British to revise BK/L(69)13 to provide formally for earlier and tighter control over activities of federal prosecutor in Berlin.   … It thus seemed appropriate to await an opportunity when we could amend BK/L without creating implication that we were critical of German behavior, for example at such time as one of various draft bills now in Bundestag that would strengthen role of Federal Prosecutor in combatting terrorist activities became law."

in den Sonderstatus der Stadt und damit in die Kompetenzen der Alliierten und das Machtgefüge von Jalta einmische.

Daß die Folgen der Umtriebigkeit des GBA in Angelegenheiten Berlins tatsächlich schwerwiegender waren, als von offizieller Berliner Seite im Herbst 1976 eingeräumt, zeigt der geheime Telex-Verkehr zwischen der amerikanischen Botschaft in Bonn und dem State Department in Washington in den Jahren 1975 und 1976. Aus diesen geheimen Depeschen, die erst im Jahre 2006 deklassifiziert und für die Öffentlichkeit einsehbar sind, geht unzweifelhaft hervor, daß Buback mit seinem Vorgehen in Berlin für erhebliche diplomatische Verwicklungen zwischen der Sowjetunion und den Vereinigten Staaten gesorgt hatte.

Der Name Buback tauchte nach den öffentlich zugänglichen amerikanischen Depeschen erstmals am 16. Januar 1975 auf, und zwar im Zusammenhang mit der Aufdeckung von Spionagetätigkeiten der Ostblockstaaten in der Bundesrepublik.[34]

Um die zeitliche Entwicklung der Präsenz von GBA Buback in den Berichten der US Botschaften und Konsulate nach Washington D.C. aufzuzeigen, werden zunächst einmal die Cables der US Botschaft chronologisch aufgelistet, in welchen von sowjetischen Protesten berichtet wird, oder die damit im Zusammenhang stehen:

Am 17. März 1975 berichtete US Botschafter Martin J. Hillenbrand nach Washington[35], man mache sich grundsätzliche Gedanken über die Schwierigkeiten in der Reaktion auf Terroranschläge, von denen Berlin betroffen sein könnte. Dies betraf mögliche Bitten um Ausstellung von Waffenscheinen für Berliner Bürger oder die Schwierigkeiten beim Lufttransport für Gefangenenaustausch. Im großen und ganzen sei man mit den Konsultationen mit den Berliner und Bonner Behörden zufrieden, mit Ausnahme der Punkte Buback und Bundesgrenzschutz. Die Schwierigkeiten im Falle Buback hätten aber bei allen Schwierigkeiten noch den Vorteil aus

---

34 NARA AAD, US State Department, Cable Document Number 1975BONN00791;
    Verhaftung von neun Personen, welche Industriespionage für einen östlichen
    Geheimdienst betrieben haben, mutmaßlich der Sowjetunion/KGB zum Nachteil der
    amerikanischen Firma IBM, 1975STATE011158.
35 NARA AAD, US State Department, Cable Document Number 1975BONN04346

alliierter Sicht gehabt, daß die deutschen Behörden in Zukunft koordinierter arbeiten würden.

Am 20. März 1975 berichtet das US Konsulat in Berlin an die Botschaft nach Bonn[36], GBA Buback sei am 18. März 1975 erneut in Berlin gewesen und habe dort nur mit der Polizei gesprochen. Der Senat habe davon erst einen Tag später und aus der Presse erfahren.

Am 4. April 1975 trafen sich der sowjetische Boschafter Walentin Michailowitsch Falin und US Botschafter Hillenbrand zum Lunch, wobei Falin auf zwei wichtige Punkte der sowjetischen Sicht aufmerksam machte, zum einen das neue Viermächte-Protokoll (QA), und, nach Falin noch „gefährlicher", die Ausnutzung besonderer Vorkommnisse wie die Lorenzentführung, um Fakten zu schaffen betreffend die Präsenz der BRD in Berlin – so im Bericht von Botschafter Hillenbrand nach Washington am 5. April. [37]

Am 14. April berichtet die US Botschaft in Bonn nach Washington,[38] sie habe nun auch erfahren, daß die Sowjetunion bei den britischen und französischen Vertretungen mit Beschwerden vorstellig geworden sei.

Am 19. Mai 1975 berichtet Botschafter Hillenbrand nach Washington DC und Wien in einem 4-seitigen Schreiben über die Befürchtung der Sowjetunion, die Bundesrepublik bereite eine größere Übernahme Berlins vor.[39]

Im Mai 1975 gerät die Person Buback im Zusammenhang mit Ermittlungen zum am 27. Februar 1975 entführten CDU Politiker Peter Lorenz in den Blick diplomatischer Aufmerksamkeit und womöglich auch in das Zentrum der Aufmerksamkeit von Geheimdiensten. Die Sowjetunion pochte auf den besonderen und von der Bundesrepublik unabhängigen Status von Berlin und protestierte gegenüber den Westmächten dagegen, daß der Generalbundesanwalt der Bundesrepublik Deutschland im Stadtstaat Berlin Ermittlungen führte.

---

36   NARA AAD, US State Department, Cable Document Number 1975USBERL00553
37   NARA AAD, US State Department, Cable Document Number 1975BONN05526
38   NARA AAD, US State Department, Cable Document Number 1975BONN05948
39   NARA AAD, US State Department, Cable Document Number 1975BONN08055

Das US State Department hatte bereits mit Mitteilung [40] vom 8. März 1975 an die US Botschaft in Bonn seine Hoffnung ausgedrückt, daß alle deutschen Regierungsstellen sich künftig mit den Alliierten in Sachen Berlin koordinieren würden.

Am 31. Dezember 1975 berichtet „USBerlin" nach Bonn,[41] es mehrten sich die Anzeichen, daß GBA Dr. Buback im Entführungsfall Lorenz die Ermittlungen übernehmen würde. Es sei noch zu früh, daß die Alliierten hierzu eine Position einnehmen würden, aber es habe hierzu bereits eine Präzedenz gegeben und es wäre klug, wenn die Bundesregierung den Alliierten die nötige Zeit zugestehen würde, alle Gesichtspunkte zu erwägen, bevor eine definitive Entscheidung gefällt würde.

Man erinnerte an die Gerichtsverhandlung mit Horst Mahler, wo die Bundesanwaltschaft im Jahr 1972 in Berlin die Anklage geführt hatte und rechnete damit, daß es auch jetzt wieder sowjetische Nachfragen geben würde. Mit Verweis auf die BK/O (51) 63 wurde darauf hingewiesen, daß die Alliierten – bei allem Verständnis für die rechtliche Situation – Vorbehalte in Berlin hätten.

Im Grunde drehte es sich um die Frage, ob die Hoheit des GBA bei seinen Ermittlungen und der Anklage in Berlin ihren Ursprung im Bundesrecht oder im Berliner Landesrecht hätte. Im ersteren Falle läge ein Verstoß gegen BK/O (51) 63 vor. Die Auftritte Bubacks vor der Presse hatten in diesem Zusammenhang vor der Öffentlichkeit Mißverständnisse aufkommen lassen, wie sich später herausstellen würde.

5 Rückblick: Anbindung Berlins von hervorragender Bedeutung

Das enge Verhältnis der Bundesrepublik Deutschland zu Berlin war in den 70er Jahren Auslöser heftiger Kontroversen. Die Sowjetunion wollte eine Bindung Berlins an die Bundesrepublik nicht akzeptieren. Dies wird zum

---

40   NARA AAD, US State Department, Cable Document Number 1975STATE052712
41   NARA AAD, US State Department, Cable Document Number 1975USBERL02657

Beispiel verdeutlicht vom sowjetischen Botschafter Falin gegenüber dem deutschen Botschafter in Moskau, Helmut Allardt, in einem Gespräch am 5. Januar 1969.

Allardt hebt in seinem Bericht nach Bonn noch als Warnung hervor: *„An dieser Stelle bemerkte Falin, daß die Position der sowjetischen Regierung in der Berlinfrage völlig klar sei. Berlin habe niemals zur Bundesrepublik gehört und gehöre nicht dazu. Alle Aktionen, die dem widersprächen, würden die entsprechenden Reaktionen finden. In dieser Auffassung, daß Berlin nicht zur Bundesrepublik gehöre, sei sich übrigens die sowjetische Regierung mit den westlichen Alliierten völlig einig.*"[42]

Die Entschiedenheit, mit der die Sowjetunion ihre Position in der Berlinfrage vertrat, wird auch in Aufzeichnungen von einem Gespräch zwischen US Botschafter Cabot Lodges und dem sowjetischen Botschafter Abrasimov klar, welches in den Notizen des Staatssekretärs Duckwitz festgehalten wird. In diesem Gespräch ging es um die Abhaltung der Bundesversammlung in Berlin, was die Sowjetunion als Provokation auffasste.[43]

---

42   Akten zur Auswärtigen Politik der Bundesrepublik Deutschland, Botschafter Allardt, Moskau, an Bundesminister Brandt, Z B 6-1-10026/69 geheim, Aufgabe: 5. Januar 1969, 13.00 Uhr Fernschreiben Nr. 26 Ankunft: 5. Januar 1969, 12.45 Uhr, Gespräch zwischen Botschafter Allardt und Stellv. Sowjetischen Außenminister Semjonow und Botschafter Falin in Moskau. VS-Bd. 4434 (II A 4)].

43   [St.S. 22/69 geheim 9. Januar 1969] *„Abrassimow sprach sich in sehr deutlichen Wendungen gegen diese Absicht* (die Bundesversammlung zur Wahl des Bundespräsidenten in Berlin abzuhalten – der Verfasser) *aus und erklärte, daß die Regierung der Sowjetunion die Anwesenheit der Bundesversammlung in Berlin als Provokation auffassen müsse. Die drei Alliierten, in erster Linie die USA, seien für West-Berlin verantwortlich. Es läge in ihrer Hand, die Abhaltung der Bundesversammlung zu verhindern, die ja doch nur dem Zwecke diene, die Zugehörigkeit Berlins zur Bundesrepublik zu demonstrieren. In diesem Zusammenhang machte Abrassimow die Bemerkung, daß die Amerikaner in West-Berlin in der gleichen Lage seien wie er in der DDR. In der DDR geschehe nichts ohne die Zustimmung der Sowjetunion, und er sei derjenige, der dafür sorge, daß die Wünsche der Sowjetunion in der DDR erfüllt würden. Dies werde auch in Zukunft so sein. Für die unvermeidlichen Folgen der Abhaltung der Bundesversammlung in Berlin sei daher nicht die DDR, sondern die Sowjetunion verantwortlich. Die Amerikaner trügen eine große Verantwortung, wenn sie sich nicht dazu entschließen könnten, die Sitzung der Bundesversammlung in West-Berlin zu verhindern. Botschafter Cabot Lodge wies demgegenüber darauf hin, daß die Bundesversammlung bereits mehrfach in Berlin getagt habe und kein Grund bestünde, von dieser Praxis abzugehen. Seine Regierung denke daher nicht daran, auf die Bundesregierung Einfluß zu nehmen, die in diesem Falle die alleinige Entscheidungsbefugnis habe.*"

Zu beobachten ist, daß die offizielle Position der Vereinigten Staaten wie der Drei Mächte (USA, Großbritannien und Frankreich) schlechthin in der Sache Berlin immer die bundesdeutsche Position stützte, die in einem Runderlaß von Staatssekretär Gehlhoff vom 7. Februar 1975 die Einbindung von Berlin in die völkerrechtlichen Vereinbarung der Bundesrepublik Deutschland als Aufgabe mit Verfassungsrang angesehen wird[44].

Agitationen gegen diese Bindung von Berlin an die Bundesrepublik wurden zum Beispiel immer wieder von sowjetischen Presseorganen geführt[45], während die Sowjetregierung selbst offiziell eine vorsichtigere Haltung einnahm[46]. Die Bundesregierung verfolgte in dieser Hinsicht eine eindeutige Linie unter Berufung auf das Viermächteabkommen vom 3. September 1971, in dem die Bindungen zwischen den Westsektoren Berlins und der Bundesrepublik Deutschland aufrechterhalten und entwickelt werden.[47]

Betreffend die Agitationen von sowjetischen Presseorganen muß angefügt werden, daß auch die westdeutsche Presse, insbesondere *Die Welt* mit ihrem prominenten Herausgeber Axel Springer eine konsequente Haltung zur Bindung Berlins an die Bundesrepublik in der Form der Wiedervereinigung vertraten.[48]

---

44   Runderlass des Staatssekretärs Gehlhoff vom 7. Februar 1975, 501-505.34, Dokument 22 in den Akten zur Auswärtigen Politik der Bundesrepublik Deutschland 1976.

45   Parlamentarische Anfrage von MdB Rainer Barzel CDU/CSU, Anlage 13 zur 248. Sitzung des Deutschen Bundestages, Stenographischer Bericht, Bonn, Freitag, den 4. Juni 1976

46   [] 1. Band 1969, >>die sowjetische Presse und die offizielle Meinung der Sowjetunion sind nicht daßelbe<<, "Dieses Recht sei ihr übrigens auch von Sowjetregierung niemals bestritten worden, was allerdings die sowjetische Presse nicht daran gehindert habe, selbst ein reines Wirtschaftstreffen wie die Weltwährungskonferenz sofort als aggressiven Akt anzuprangern, als der Vorschlag gemacht wurde, sie in Berlin abzuhalten (Außenminister Semjonow warf ein, er persönlich habe keine große Meinung von der Presse, die westdeutsche eingeschlossen, vor allem dann nicht, wenn sie sich in diplomatische Geschäfte einmische).

47   Antwort von Staatsminister Moersch auf die parlamentarische Anfrage des Abgeordneten Hösl CDU/CSU, Anlage 9 zur 248. Sitzung des Deutschen Bundestages, Stenographischer Bericht, Bonn, Freitag, den 4. Juni 1976.

48   Axel Springer, 26 Oktober 1967, Viel Lärm um ein Zeitungshaus: „Richtlinien allerdings gibt es oder – besser gesagt – Pflöcke, die gesteckt sind, zwischen denen sich die journalistische Individualität und das fachliche Können unserer Redakteure, Reporter, Leitartikler und Korrespondenten auswirken können. Vier Grundsätze sind

Die Drei Mächte (Frankreich, Großbritanien und die Vereinigten Staaten) unterstützten offiziell die Bindung West-Berlins an die Bundesrepublik, mahnten aber immer wieder zu Zurückhaltung vor westdeutschen Alleingängen in Sachen Berlins. Als Beispiel für eine solche Zurückhaltung in der Ära Willy Brandt, der sich für eine Entspannungspolitik mit den Sowjets einsetzte, diene hierzu ein Auszug aus einem Gespräch [49] von Außenminister Walter Scheel mit seinem französischen Amtskollegen Maurice Schumann, in der Scheel erklärte, „ … *sei die Bundesregierung fest entschlossen, in allen Fragen, die sich auf Berlin bezögen, in Bezug auf jedes Wort und jeden Satz, Fühlung mit den Verbündeten zu halten*".

Scheel bezog sich hierbei direkt auf eine geradezu unterwürfige Formulierung aus der Regierungserklärung von Bundeskanzler Willy Brandt, [50] welche dieser 1970 zwei Tage vorher zum Bericht über die Lage der Nation im gespaltenen Deutschland abgegeben hatte: „*Ich, meine Damen und Herren, habe lange genug in Berlin gewirkt, um zu wissen, daß es Dinge gibt, für die unsere Schultern zu schmal sind und für die uneingeschränkte Souveränität anzustreben die Bundesrepublik kein Interesse hat.*"

---

es: 1. Unbedingtes Eintreten für die Wiederherstellung der deutschen Einheit. …"

49 Akten zur auswärtigen Politik der Bundesrepublik Deutschland. Gespräch des Bundesministers (Außen) Scheel mit dem französischen Außenminister Schumann Z A 5-4.A/70 VS-vertraulich 16. Januar 1970] von Außenminister Walter Scheel mit seinem französischen Amtskollegen Maurice Schumann, in der Scheel erklärte, „ … *sei die Bundesregierung fest entschlossen, in allen Fragen, die sich auf Berlin bezögen, in Bezug auf jedes Wort und jeden Satz, Fühlung mit den Verbündeten zu halten*". Walter Scheel im Gespräch mit Schumann: „Er sei mit Schumann darin einverstanden, daß diese Fragen sehr wichtig seien und man nicht vorsichtig genug sein könne. *Daher sei die Bundesregierung fest entschlossen, in allen Fragen, die sich auf Berlin bezögen, in Bezug auf jedes Wort und jeden Satz, Fühlung mit den Verbündeten zu halten. Bei allen Erklärungen zur Ostpolitik sei der besondere Charakter Berlins immer unterstrichen worden. Wenn in der jüngsten Regierungserklärung von* „*Dingen (gesprochen werde), für die unsere Schultern zu schmal sind*", *sei damit die Berlinfrage gemeint.*"

50 [Vgl. BT STENOGRAPHISCHE BERICHTE, Bd. 71, S. 842. Am 14. Januar 1970] von Bundeskanzer Willy Brandt, welche dieser zwei Tage vorher zum Bericht über die Lage der Nation im gespaltenen Deutschland abgegeben hatte: „*Ich, meine Damen und Herren, habe lange genug in Berlin gewirkt, um zu wissen, daß es Dinge gibt, für die unsere Schultern zu schmal sind und für die uneingeschränkte Souveränität anzustreben die Bundesrepublik kein Interesse hat.*"

6   Deutsche Angst vor Konfrontation zwischen UdSSR und USA

Im Laufe der auf die Entführung Lorentz' folgenden Monate muß sich der Ton der sowjetischen Vertretung gegenüber den Vertretern der Westmäche in Deutschland erheblich verschärft haben. Bubacks eigenmächtige Verlautbarungen in der *Causa* Peter Lorenz mit Implikationen zur Rolle Berlins im Viermächte-Abkommen hätten die Westmächte gegenüber der Öffentlichkeit und gegenüber der Sowjetunion brüskiert, wie in einem amerikanischen Cable vom Mai 1975 berichtet wird [51].

Damit war Buback, der in den amerikanischen Cables nach Aussage der britischen Vertretung als *"always difficult to control"* [52]portraitiert wurde, selber zur Causa geworden, und zwar nicht nur für die Vereinigten Staaten, sondern auch für die Bundesrepublik. Der Senat in Berlin und die Kontakte in Bonn hätten durch interne Maßnahmen sichergestellt, so gemäß Depesche nach Washington im März 1975, daß es künftig nicht mehr zu unkoordinierten Handlungen seitens des Generalbundesanwaltes kommen würde.[53]

---

51   NARA AAD, US State Department, Cable Document Number Cable Mai 1975 „brüskiert". 1976BONN03008 23Feb1976   1. *There was an extensive discussion of the possible federal prosecution in Berlin of the Lorenz Kidnappers, with all three ambassadors expressing their unhappiness about public statements being made by federal prosecutor general Buback which were embarassing the allies and had the effect of weakening their legal position. Gehlhoff (Anmerkung vom Autor: Staatssekretät Gehlhoff hatte 1975 den vorgenannten Berlin-Erlass getätigt) conceded that Buback's statements were unfortunate and indicated that the foreign ministry would again raise with the ministry of justice and desirability of greater discretion on the part of the federal prosecutor general. He noted that the ministry of justice had already expressed the view to the foreign ministry that federal prosecution was probably unavoidable, but that the case would probably not come to trial this year. The foreign ministry had stressed the need for full consultation with the allies before final decisions were taken. Gehlhoff also said the German government considered it essential that the Soviet protest delivered in Perlin at POLAD level on February 12 receive a formal allied reply, although acknowledging that the response given on the spot by the US POLAD had been a good one.*

52   NARA AAD, US State Department, Cable Document Number 1976USBERL01017. British say „always difficult to control Dr. Buback", 13 May 1976.

53   NARA AAD, US State Department, Cable Document Number 1975BONN03866. Am 7. März 1975 berichtet USBonn nach Berlin und DC über die Beteiligung Bubacks an den Ermittlungen zum Lorenz-Fall und darüber, daß man der Bundesrepublik mitgeteilt habe, die Alliierten seien nicht glücklich über die Handhabung des Falles. Justizminister Vogel habe auf eine öffentliche und klärende Erklärung seine Einwilligung geben müssen. Mit Meldung vom 8. März (1975STATE052712) nach

Vertrauliche Papiere der Bundesregierung vom 6. Februar 1976 belegen, [54] daß das Auswärtige Amt (Hans-Dietrich Genscher, FDP) vom Bundesjustizminister (Jochen Vogel, SPD) verlangt hatte, daß Buback in der Sache Lorenz nicht mehr ohne vorherige Konsultationen mit dem AA betreffend Berlin agieren soll. Die hohe Brisanz wird deutlich anhand einer Äußerung von Vortragendem Legationsrat I. Klasse Lücking: *"Wir steuern auf eine neue Auseinandersetzung mit den drei Mächten zu. Diese befürchten eine grundsätzliche Konfrontation mit der Sowjetunion ... "*.

Am Tag zuvor hatte Ministerialdirigent Meyer-Landrut vom BMJ über eine Sitzung der Bonner Vierergruppe (Gremium aus Vertretern der drei Westmächte und der Bundesregierung; der Autor) von Indiskretionen von Berliner Stellen gegenüber der Presse berichtet, in welcher die Sprecher der Drei Mächte erklärt hätten, *"die deutsche Seite müsse sich darüber im Klaren sein, daß bei einem Andauern der Pressekampagne, durch welche offensichtlich von Sachkennern versucht werde, die Entscheidung der Drei Mächte* (bezüglich der Möglichkeit, daß der Bundesregierung Aktionen des GBA künftig verboten würden; der Verfasser) *zu präjudizieren, die Angelegenheit eine politische Dimension annehmen werde, in welcher die Entscheidung der Drei Mächte dann nicht mehr allein durch Kriterien der rechtlichen Zulässigkeit, sondern vor allem der politischen Opportunität gefällt werden müsse."*

Offenbar gab das Verhalten des Generalbundesanwalts also immer noch Anlass zu alliierter Beobachtung und Intervention. Die US Botschaft berichtete nach Washington von der Pressekonferenz zu der Frage, wer die Anklage gegen die mutmaßlichen Lorenz-Entführer unterschreiben würde

---

Bonn und USBerlin drückt das State Department seine Hoffnung aus, daß alle Bonner Regierungsstellen sich künftig in Sachen Berlin mit den Alliierten koordinieren. Am gleichen Tag meldet Berlin nach Bonn (1975USBERL00449), daß die Alliierten unter französischem Vorsitz Erklärungen vom Senat zur Rolle Bubacks in Berlin erhalten haben. Der Senat habe versichert, daß er den Sachverhalt in der Öffentlichkeit im richtigen Lichte darstellen würde. Der (Berliner) Tagesspiegel habe die entsprechende Erklärung, daß die Ermittlungen zur Entführung von der Staatsanwaltschaft beim Berliner Landesgericht geführt würden, vollständig abgedruckt.

54   Akten zur Auswärtigen Politik der Bundesrepublik Deutschland. Wissenschaftliche Leiterin: Ilse Dorothee Pautsch. Ed. by Institut für Zeitgeschichte / Möller, Horst / Miard-Delacroix, Helene / Schöllgen, Gregor / Wirsching, Andreas. eISSN: 2192-2462 http://www.degruyter.com/view/product/213797

und zitierte Bundesjustizminister Vogel mit dessen Warnung *"Caution, Herr Buback."* [55]

Etwa ein halbes Jahr später, am 1. Februar 1977, würde USBonn nach Washington berichten, daß Justizminister Vogel in dieser Eigenschaft die USA besuchen und dort mit Behörden in Sachen Terrorbekämpfung treffen wolle. Er benötige jedoch eine Einladung von autorisierter Stelle. Am besten eignen würde sich dafür eine Einladung mit Bezug auf Finalisierung eines gegenseitigen Auslieferungsabkommens. [56]

Die Arbeit des Generalbundesanwalts in Berlin drohte das Gefüge von Jalta und damit die grundlegenden Interessen der Viermächte zu tangieren. Eine Eskalation stand bevor. So beschwerte sich am 6. August 1976 der amtierende sowjetische Legationsrat Tyutyunov beim US Foreign Policy Advisor (POLAD) an der US Mission in Berlin, *„die Sowjetunion erwarte, daß die zuständigen Behörden der drei Westmächte ihren Verpflichtungen aus dem Viermächte-Abkommen nachkommen und die geeigneten Maßnahmen treffe, die illegale Einmischung des Generalbundesanwalts beim geplanten Gerichtsverfahrens zu verhindern"*. [57]

7 Buback – always difficult to control: der General muß weg

Die Reaktionen der Alliierten auf die Alleingänge des Generalbundesanwalts und dessen Gleichgültigkeit oder gar Ignoranz gegenüber alliierten Empfindlichkeiten dürften auch der Bundesregierung aufgestoßen sein.

---

55 NARA AAD, US State Department, Cable Document Number 1976USBERL02003.

56 NARA AAD, US State Department, Cable Document Number 1977BONN01925

57 NARA AAD, US State Department, Cable Document Number 1976USBERL01631 vom 6. August 1976. Subject: New Soviet warning against federal prosecution of Lorent kidnapers. 6. Aug. 1976 Tyutyunov at US Embassy: *„We expect that the competent authorities of the three western powers, in accordance with their obligations under the quadripartitie agreement, will take the appropriate measures to prevent the illegal involvement of the federal prosecutor general of the FRG in the planned court proceedings."* End Statement.

Könnte es sein, daß man in Bonn die Berufung Siegfried Bubacks zum Generalbundesanwalt im Jahr 1974 schon ein, zwei Jahre später bereut hatte?

Dann wären Andreas Baader und Gudrun Ensslin nicht die einzigen und womöglich auch gar nicht die ersten gewesen, die mit der Forderung *"Der General muß weg"* dem unnachgiebigen und offensiven Ermitteln von Buback ein Ende herbeigewünscht hätten.

Baader und Ensslin wird nachgesagt, sie hätten aus dem Gefängnis Stammheim durch einen Rechtsanwalt ein Kassiber mit eben dieser Parole als Mordauftrag herausschmuggeln lassen. Diese an anderer Stelle als Haag-Papiere bezeichneten Unterlagen zur „Operation Margarine" (Margarinenmarke „S.B." für Siegfried Buback) wurden bei Siegfried Haags Festnahme am 30. November 1976 gefunden.

Da Baader und Ensslin tot sind, kann man beide nicht mehr zu diesem Vorwurf befragen. Insofern bleibt die notwendigerweise zu stellende Frage nach dem Ursprung der Haag-Papiere wie auch des behaupteten Kassibers ebenso wichtig und unbeantwortet wie die Frage nach dem Schützen auf dem Motorrad.

Während des Stammheimer Prozeß gab Andreas Baader am 28. Oktober 1975 eine Erklärung vor Gericht ab, von welcher eine Passage als Drohung gegen den Vorsitzenden Richter Theodor Prinzing [58] verstanden werden muß: Man könne Prinzing zwar hier im Prozeß nicht loswerden, aber sie seien sicher, so Baader, daß Prinzing hier auch an seinem eigenen Urteil arbeite. [59] Damit war dem Senatsvorsitzenden Theodor Prinzing vom angeklagten RAF-Terroristen Andreas Baader *coram publico* seine Exekution in Aussicht gestellt worden.

---

58 Theodor Prinzing, Erster Vorsitzender Richter des 2. Strafsenats des Oberlandesgerichts Stuttgart vom 4. Februar 1974 bis Januar 1977. Für diesen schwierigen Prozeß ausgesucht worden war Prinzing, da er über „Erfahrungen in Monster-Prozessen, Durchblick, Durchsetzungsvermögen und erkennbaren Ehrgeiz" verfüge. Die Welt, 17. Mai 1975, Seite 3.

59 Erklärung von Andreas Baader vor Gericht am 28. Oktober 1975, abgedruckt im Spiegel 28. Oktober 1975: Andreas Baader zur Isolationshaft. *„Na ja. Aber wir machen das kurz. Ablehnung, das ist ja sowieso eine Lächerlichkeit bei diesem Senat ... man wird ihn in jedem Fall hier nicht loswerden. Aber dazu wollte ich einfach nur mal kurz feststellen: Wir sind sicher, Prinzing, daß Sie hier auch an Ihrem eigenen Urteil arbeiten."*

Bundesanwalt Griesbaum behauptet,[60] und so ergibt es sich aus den Gerichtsakten[61], die Planung für die Ermordung Bubacks sei gemeinschaftlich aus der RAF Gruppe heraus begangen worden. Wenn diese Einschätzung zutreffend wäre, ist damit aber nicht sicher, daß Buback auch gemeinschaftlich als Ziel von der RAF-Gruppe deklariert worden ist. Ob Haag und Brigitte Mohnhaupt den Zielauftrag *"Der General muß weg"* von Baader und Ensslin aus dem Gefängnis oder von jemand anderem erhalten hat, wissen wir nicht.

Die Täterfrage wird zum Beispiel in einem Spiegel-Report ambivalent diskutiert.[62] Baader habe den Tatbefehl *quasi* als Auftragsmord über einen Kassiber nach draußen schmuggeln lassen. Peter Jürgen Boock erklärte als Zeuge vor Gericht im Prozeß gegen Verena Becker, der Kassiber mit dem Mordauftrag *"der General muß weg"* sei von Stammheim in den Jemen nach Aden geschmuggelt worden.[63]

---

60 http://www.spiegel.de/politik/deutschland/raf-prozess-der-general-muss-weg-a-767702.html

61 OLG Stuttgart Becker Prozeß 2012.

62 Majid Sattar, in: Der Spiegel, 27. November 2009. „Die schwarze Braut". „Die Mörder Bubacks formieren sich im "Kommando Ulrike Meinhof" - Meinhof hatte sich 1976 in ihrer Zelle erhängt. Stefan Wisniewski erklärte 1997, noch vor seiner Begnadigung, der "Tageszeitung", warum der Generalbundesanwalt sterben musste: Buback sei der oberste "Terroristenjäger" gewesen, verantwortlich für die Haltung gegenüber den Gefangenen. "Für uns war er auch verantwortlich für den Tod Siegfried Hausners, den er aus Stockholm abtransportieren ließ, obwohl er lebensgefährlich verletzt war. Und wir sahen in ihm den Verantwortlichen für den toten Trakt und die Haftbedingungen von Ulrike Meinhof." Dem habe man "Grenzen setzen" wollen. **Nach einer anderen Version** war das Attentat auf Buback ein regelrechter Auftragsmord gewesen. Andreas Baader habe über Kassiber den Befehl formuliert: "Der General muss weg."

63 Stefan Geiger, in: Stuttgarter Zeitung. „Der Zeuge taugt als Kronzeuge nur bedingt." RAF Peter-Jürgen Boock stützt die Anklage gegen Verena Becker nicht. 04.Februar 2011. Während einer militärischen Ausbildung bei palästinensischen Terroristen in Aden 1976 hat Boock erstmals Verena Becker getroffen, welche bereits länger dort war. In Aden wurde über die gemeinsamen Pläne gesprochen, über die Taten, die vor allem von den bereits in Haft befindlichen RAF-Mitgliedern gefordert wurden: an erster Stelle die Ermordung des Generalbundesanwalts, dann die Freipressung der Inhaftierten. Alle seien sich damals in den Zielen einig gewesen. Becker sei in Aden aber keine Wortführerin gewesen. "Daß sie den ganzen Prozeß für richtig hielt, stand außer Frage." Becker habe "vehement unterstützt", was die "Stammheimer", also die damals in Stammheim inhaftierten RAF-Mitglieder, wollten. "Der General muss weg",

Aus Interviews mit Terroristen der RAF und der Bewegung 2. Juni geht hervor, daß Siegfried Haag, welcher sein Zimmer im Camp mit Verena Becker teilte, im Ausbildungscamp im Jemen Mitte oder Ende 1976 eine Liste von Anschlagsopfern in einer Art Brainstorming durch die Trainingsteilnehmer angefordert haben. Als Siegfried Bubacks Name auf der Liste gestanden hätte, sei Haag damit sehr zufrieden gewesen. Sollte diese Beschreibung zutreffen, wäre es durchaus denkbar, daß Haag dieser Name schon vorgeschwebt hatte, er den Namen jedoch aus der Gruppe heraus bestimmt haben wollte, anstatt ihn selber vorzuschlagen.

Haag hatte sich aus der Gruppe als Leader herauskristallisiert, aber nur auf Drängen der Palästinenser (PFLP, Wadie Haddad) hin, welche nur mit einem Leader und nicht mit der Gruppe verhandeln wollten. Das war eigentlich ein Verstoß gegen die Philosophie der RAF und Bewegung 2. Juni, welche Entscheidungen nur im Konsens traf und keinen Führer hatte.

Denkbar wäre, daß Siegfried Haag durch die Palästinenser, welche mindestens unter Einfluss der Sowjetunion standen, als Leader in die Gruppe injiziert worden ist. Es bleibt eine bislang unbewiesene Spekulation, daß fremde Geheimdienste vermittels der PFLP Zugriff auf die „Illegalen" der RAF und Bewegung 2. Juni hatten, und daß Siegfried Haag und evtl. Verena Becker als Auftragsempfänger dafür sorgten und gewährleisteten, daß (nur) bestimmte Führungspersonen in der Bundesrepublik (Buback, Ponto, Schleyer) zu Anschlagszielen wurden und exekutiert wurden.

Die Isolationshaft von Baader, Ensslin und Jan-Carl Raspe gewährleistete, daß keine alternative Order an die "Gruppe der Illegalen" gelangte. Schlussendlich konnte somit die Exekution der drei Führungspersonen der Baader-Meinhof Gruppe zugeordnet werden.

---

diesen so oft zitierten, auf den Generalbundesanwalt gemünzten Satz schreibt Boock nicht Becker zu; er sei erstmals in einem nach Aden geschmuggelten Kassiber aus Stammheim aufgetaucht. Auf die wichtige Frage, wer unmittelbar an der Ermordung Bubacks beteiligt war, gibt Boock aber keine weiterführenden Antworten: "Ich wusste nicht, wer es direkt macht." Er war am Tag des Anschlags in Amsterdam gewesen. Der Richter wirft dem Zeugen mehrmals vor, "vage" zu bleiben - je länger die Vernehmung dauert und je näher man an das Tatgeschehen kommt, umso häufiger.

Das Schmuggeln von Kassibern wird von [64] als geradezu gefängnistypische Handlung bezeichnet und ist damit eine nicht nur bei Terroristen vorkommende Methode zur Kommunikation mit der Außenwelt. Die Frage, auf welchem Wege zum Beispiel der sogenannte Ensslin-Kassiber aus dem Gefängnis in den Besitz von Ulrike Meinhof gekommen ist, ist bis heute ungeklärt.

Gudrun Ensslins Strafverteidiger Otto Schily war angeklagt, im Juni 1972 diesen Kassiber aus dem Gefängnis geschmuggelt zu haben. Ihm drohte daher der Ausschluß vom Gerichtsverfahren als Strafverteidiger[65]. Schily stritt den Tatbestand (den Ensslin-Kassiber geschmuggelt zu haben) konsequent ab, obsiegte vor Gericht jedoch lediglich aus verfassungsrechtlichen Gründen und nicht etwa, weil man seinen Ausführungen, er hätte den Kassiber nicht gehabt und nicht weitergeleitet, geglaubt hätte.

Der Kronzeuge Gerhard Müller behauptete vor Gericht, die RAF-Mitglieder seien davon ausgegangen, daß der Strafverteidiger den Kassiber (mit dem Auftrag, den GBA zu töten) geschmuggelt hätte.[66]

---

64   Harald Preusker, in: Brennpunkt, ARD Sendung vom 1. Juli 1992. Vgl. Harald Preusker, Leiter JVA Bruchsal, im Buch das RAF Phantom von G. Wisnewski, Seiten 231-232.

65   Beschluß des Zweiten Senats vom 14. Februar 1973 - 2 BvR 667/72 - in dem Verfahren über die Verfassungsbeschwerde des Rechtsanwalts Otto S..., - Bevollmächtigter: Professor Dr. Uwe Wesel, Berlin 33, Brümmerstraße 16 - gegen den Beschluß des Bundesgerichtshofs, 3 Strafsenat, vom 25 August 1972 - 1 BJs 6/72 / StB 18 u. 20/72   - sowie Antrag auf Erlaß einer einstweiligen Anordnung. BVerfGE 34, 293 (293).

66   Johannes Mengen, in: Die Zeit. „Kaum ein Zweifel an Müller". 23. Juli 1976 - Stuttgart-Stammheim. Der „Kronzeuge" bringt die BM-Anwälte in arge Bedrängnis. Beredtes Schweigen: Auch Rechtsanwalt Schily, der einzige von den ursprünglich vorgesehenen Verteidigern, der noch im Verfahren ist, kam mit einem blauen Auge davon: Müller sagte zwar, alle RAF-Mitglieder hätten stillschweigend angenommen, daß Schily den Ensslin-Kassiber transportiert habe, der Name sei aber nie gefallen. Müllers Würdigung entspricht ungefähr der des Bundesgerichtshofes, welcher Schily vor vier Jahren von der Verteidigung ausschloß, was aber das Bundesverfassungsgericht später aufhob. Auf die anderen Anwälte allerdings rollt eine Welle von Verfahren zu, um die sie nicht zu beneiden sind. Als der Zeuge Müller von den Anwälten Schily, Heldmann und Verteidiger

Des Weiteren läßt sich natürlich auch die Authentizität von Kassibern schlechthin in Frage stellen. Ein (falscher) Kassiber könnte auch durchaus von externer Seite in eine Terrororganisation hineingeschmuggelt werden können. Denkbar wäre dies zum Beispiel für einen fremdgesteuerten Strafverteidiger, der einen echten Kassiber übernimmt, diesen verfälscht und weiterleitet. Oder der Strafverteidiger oder einer seiner Mitarbeiter könnte einen fabrizierten Kassiber in Umlauf bringen.

In der Stern-Ausgabe [67] vom 27. April 2007 berichtet Martin Knobbe von Gedächtnisprotokollen von Gesprächen zwischen Bundesanwalt Joachim Lampe und den beiden mutmaßlichen RAF-Terroristen Volker Speitel und Hans-Joachim Dellwo, welche einen Einblick in das Innenleben der RAF erlaubten. Speitel erläuterte, wie die Kommunikation zwischen den Gefangenen im Gefängnis und den Illegalen draußen. Gemäß Lampe sei Speitel von den Selbstmorden in Stammheim, welche Speitel wohl als staatliche Morde verstanden hatte, so geängstigt gewesen, daß er „ausgepackt" hätte.

Der Bericht liest sich etwas theatralisch. Speitel würde sich hier selbst allerdings widersprechen, denn gemäß einem Beitrag im Spiegel [68] hält Speitel eine Ermordung der Stammheim-Toten durch den Geheimdienst für unglaubwürdig. Es ist interessant, daß Speitel und Dellwo nach ihren „Kronzeugen"-Geständnissen nur geringe Haftstrafen erhalten haben und ähnlich von der Bildfläche verschwunden sind wie Gerhard Müller[68], Siegfried Haag oder Peter Urbach.

Während der Terrorist Baader also vor Gericht eine wenig verhohlene Drohung gegen den Senatsvorsitzenden Prinzing ausstieß, welcher heute noch lebt, mußte GBA Buback sterben, obwohl gegen diesen keine so offene Drohung aus der RAF ausgesprochen wurde. Hingegen eine Warnung vom

---

67 Martin Knobbe, in: Stern (27 April 2007). Ehemaliger RAF-Helfer. Der Ankläger und sein Informant. „Speitel erzählte in den vertraulichen Gesprächen etwa, wie Informationen aus Stammheim an die RAF-Helfer in Freiheit gelangten, über heimlich geschmuggelte Botschaften, sogenannte Kassiber. "Über alle Sachen wurde mit drinnen diskutiert. Alle Kisten liefen über den Knast", berichtete Speitel. "Die Briefe gingen meist mit Tesafilm zugeklebt und auch sonst noch gesichert von drinnen an das Büro. Das machte Müller, vereinzelt auch Newerla, ganz selten auch Croissant. Von dort brachten ich oder Elisabeth sie zu den Illegalen. Das nannten wir 'Postmachen'." "

68 Helmut Kerscher, in: Süddeutsche Zeitung, 17. Mai 2010.

damaligen Bundesjustizminister. Vielmehr ist nur von einem Kassiber mit den Worten „der General muß weg" die Rede, dessen Herkunft ebenso fraglich ist wie der Schmuggelweg des Ensslin-Kassibers. Wohlweislich, daß beide, Prinzing und Buback, zum gefährdeten Personenkreis gezählt wurden.

8 Aktionen mit unklarem Ziel, Akteure mit unklarer Identität

Auch die Haag-Papiere sind mit einem gewissen, sogar doppelten Fragezeichen behaftet. Einerseits hat man als Beweis für die Gefährdung lediglich die beiden Buchstaben S.B. In ungeklärtem Zusammenhang. Selbst wenn die Zuordnung S.B. = Siegfried Buback zutrifft, stellt sich immer noch die Frage, wer diese Zieldeklaration vorgenommen hat.

Rechtsanwalt Siegfried Haag stand immer wieder im Verdacht, ein doppeltes Spiel zu spielen und für mindestens einen Geheimdienst, die Stasi, gearbeitet zu haben. Daß von den beiden zusammen festgenommenen Terroristen Becker und Sonnenberg, welche im Besitz der Tatwaffe waren, nur Sonnenberg als Buback-Mörder verdächtigt wurde, war der US Botschaft in Bonn zumindest eine Meldung nach Washington wert. [69] Die amerikanische Vertretung nimmt damit eine Unterscheidung zwischen Becker und Sonnenberg vor. Auffällig ist, daß Haag, ähnlich wie Verena Becker, vergleichsweise wenig Freiheitsstrafen zu verbüßen hatte, wie Michael Buback in einem Telefoninterview mit Alexander Benesch [70] unlängst feststellte.

Der frühere Innenminister Gerhard Baum hatte in einem Interview geäussert, [71] daß manche RAF Mitglieder als Unschuldige Urteile auf sich

---

69   NARA AAD, US State Department, Cable Document Number 1977STUTTG00759_c

70   Interview von Alexander Benesch für infokrieg.tv mit Michael Buback, https://www.youtube.com/watch?v=XCcBJrqjCK8, veröffentlicht am 14. Juli 2012 auf YouTube.

71   Ulrike Köppchen, in: Deutschlandfunk, 3. Mai 2007. „Echo der Vergangenheit". Eine überraschende Wendung in einem längst abgeschlossen geglaubten Kapitel westdeutscher Nachkriegsgeschichte. "Wer erschoss Siegfried Buback?", titelt der "Spiegel", und der ehemalige Bundesinnenminister Gerhart Baum mutmaßt: "Der Eindruck drängt sich auf, daß hier Täter Vorwürfe auf sich genommen haben, die sie gar nicht verdienen, also der Folkerts war offenbar nicht dabei, ist aber dafür verurteilt

genommen hätten, während eigentliche Täter nicht verurteilt worden seien. Weiter mutmaßte Baum, daß aber das offensichtliche Kartell des Schweigens bald womöglich aufbrechen würde. Letztere Vermutung hat sich nicht als zutreffend herausgestellt.

Im Zwielicht stehende Akteure wie Siegfried Haag und Verena Becker, von denen die Öffentlichkeit bis heute nicht weiß, ob sie nur Terroristen, Agenten eigener oder fremder Geheimdienste oder beides sind, haben vordergründig immer zu einer Verschleierung der tatsächlichen Verhältnisse und Relationen im Terrorismus geführt. Das gleiche gilt für den *agent provocateur* Peter Urbach, dessen Doppelspiel gerichtskundig ist[72].

Man begeht wahrscheinlich aber einen Denkfehler, wenn man ihnen überhaupt eine Identität oder nur eine einzige Rolle zuordnet. So, wie sie womöglich mehrere Rollen, sogar für den äußeren Betrachter einander ausschließen müssende Rollen gespielt haben könnten, so ist auch den Terrororganisationen und Geheimdiensten und ähnlichen Strukturen nicht immer eine aus unserer Sicht klare Identität zuzuordnen. Vielmehr hat man es hier mit dualen Naturen zu tun.

In der Gemengelage von politischem Opportunismus, vielmehr noch im Gegenspiel und Zusammenspiel konkurrierender ideologischer, politischer und wirtschaftlicher Interessen dürfte Buback eben nicht nur der Sowjetunion bzw. der DDR und dem Ministerium für Staatssicherheit (MfS, "Stasi") ein Dorn im Auge gewesen sein.

Zur Zeit der sozialliberalen Koalitionsregierung war die Bundesrepublik bis in die politischen Parteien, bis in das Militär und in die Bundesregierung hinein von kommunistischen Agenten infiltriert. Es wäre naiv, anzunehmen, daß die führenden Regierungsmitglieder dies nicht mindestens geahnt hätten. Der Staatsschutz hatte definitiv Kenntnis von der Infiltration.

---

worden. Und der Wisniewski war dabei, ist aber nicht verurteilt worden. Ich glaube, es gibt Anzeichen, daß das Schweigekartell aufbricht, also das gegenseitige Versprechen nichts zu offenbaren, daß das nicht mehr hält."

72 Evaluating Counterterrorism Performance: A Comparative Study, von Beatrice de Graaf, Routledge Chapman Hall, Milton Park and New York: Routledge, 2011. ISBN: 978-0-415-59886-6.

"Vorsicht, Herr Buback!"

Ebenso wie heute von der christlich sozialen Regierungskoalition und nicht zuletzt der Bundeskanzlerin selber Spionage offenbar solange hingenommen wird, bis diese der Öffentlichkeit bekannt wird, so muß man davon ausgehen, daß Willy Brandt ein Ausspionieren geahnt und zum Zwecke der politischen Annäherung und genereller Entspannung zwischen den Machtblöcken aus politischem Opportunismus, insbesondere angesichts höherer Interessen wie etwa und insbesondere der Annäherung zwischen Ost und West - nicht genauer hingeschaut hat.

Die Opposition hat die Folgen dieses aus ihrer Sicht fahrlässigen Verhaltens innenpolitisch ausgeschlachtet, und es gibt Hinweise, die den Verdacht bereits 1974 nährten, daß Brandts Rücktritt von Parteikollegen mitbetrieben worden sei. Nutznießer dieses Rücktritts war nicht nur Brandts Nachfolger Helmut Schmidt, sondern weitere Hardliner und "Realos" auf Seiten der Linken.

Es kann davon ausgegangen werden, daß die Gegner von Brandts Entspannungspolitik wahrscheinlich beiderseits des Eisernen Vorhangs saßen und mit Brandts Rücktritt das vorläufige Ende der von vielen Menschen ersehnten und von den Viermächten offiziell und nach außen hin unterstützten Entspannungspolitik einläuteten. Die Enttarnung der Ostspione, deren prominentester Vertreter uns als Günther Guillaume in Erinnerung ist, könnte somit auch insofern auch ein Vorwand gewesen sein, um die weitere Annäherung Deutschlands an den Osten zu beenden.

CDU und CSU hatten eine klare und verurteilende Haltung gegen den Linksextremismus, den sie weitestgehend mit Radikalismus uns sogar mit Terrorismus gleichsetzten. Sie verurteilten auch die zahlreichen Intellektuellen in Politik, Kultur und Wissenschaft, die Verständnis für den von der 68er Generation geforderten sozialen und politischen Wandel äusserten, wie sich aus einer kritischen Dokumentation der Konrad Adenauer Stiftung ergibt.[73]

Die Ermordung des Generalbundesanwaltes stellt einen Höhepunkt, vielleicht einen Wendepunkt in der deutschen Terrorismusgeschichte dar. Historiker im Auftrag des Auswärtigen Amt beurteilen das Jahr 1976 als

---

73   Konrad-Adenauer-Stiftung [CDU Dokumentation 34 vom 13. Oktober 1977. CDU_Dokumentation_kas_25811-544-1-30].

"jenseits vom Scheitelpunkt der Entspannungsära. Sorgen bereiteten der Bundesregierung das bedrohte strategische Gleichgewicht in Europa, der wachsende sowjetische Einfluss in Afrika und die Implementierung der KSZE-Schlussakte." [74]

Während den Drei Mächten die Entspannung gegenüber dem Osten offiziell am Herzen lag, war die ideelle Ost-West Grenze in den gegenseitigen Beziehungen nicht nur eine Realität innerhalb der Viermächte. Einige Inhalte in den geheimen Depeschen der USA und den Akten zur deutschen Außenpolitik lassen sich durchaus dahingehend interpretieren, daß die Ost-West Grenze geistig mehr noch als politisch mitten durch die Bundesregierung ging, und wahrscheinlich auch mitten durch die sozialdemokratische Partei.

Ebenso wichtig zu bemerken ist, daß trotz aller ideologischen Gegensätze die politischen Gegner bei Verhandlungen auch Rücksicht nahmen auf ihr innenpolitisches Gegenüber. Wie etwa Bundeskanzler Schmidt bei seinen Verhandlungen mit Sowjetbotschafter Falin über ein über Jahrzehnte hinausreichendes Wirtschaftsabkommen mit der Sowjetunion, in deren Planung auch in jedem Falle die Opposition in Deutschland (damals die CDU), so Schmidt, mit eingebunden werden müsse. [75] Oder die ständigen Ermahnungen der Drei Westmächte an die Bundesregierung, die Position der Sowjetunion mit Blick auf das Viermächte-Abkommen zu berücksichtigen und den Generalbundesanwalt in Sachen Berlin entsprechend zu instruieren.

Bundeskanzler Helmut Schmid erklärte dem sowjetischen Botschafter Falin in einem persönlichen Gespräch im Jahre 26. Oktober 1977 [76], also ein halber Jahr nach der Ermordung Bubacks (und eine Woche nach der „Todesnacht von Stammheim" am 18. Oktober 1977, in der die Terroristen Bader, Ensslin und Raspe ums Leben kamen und Irmgard Möller als einzige schwerverletzt überlebte), seine Sicht auf den internationalen Terrorismus im allgemeinen und den deutschen Terrorismus im Besonderen und brachte

---

74   Akten zur Auswärtigen Politik der Bundesrepublik Deutschland.

75   vgl. auch Aufzeichnung des Ministerialdirektors Ruete vom 6. Januar 1970, II A 5-
      82.00-94.-14/70 VS-vertraulich, über sein Gespräch mit CDU/CSU
      Fraktionsvorsitzenden Dr. Rainer Barschel: „Eine Ostpolitik gegen die Opposition sei
      praktisch unmöglich."

76   Auswärtige Politik Schmidt Falin.

dabei auch das vermutete Abtauchen der zwei Dutzend deutschen Terroristen ins Ausland ins Gespräch. Falins Sicht hierzu ist nicht notiert.

Offenkundig ist heute, daß viele RAF-Terroristen in der DDR bis zur Wende Unterschlupf gefunden hatten. Was für die politische Ebene in der Bundesrepublik damals vielleicht Vermutung war, dürfte für bestimmte Personen in der bundesdeutschen Geheimdienstebene damals bereits Gewissheit gewesen sein.

Zum letzteren ist allgemein festzuhalten, daß die permanente, von Regierungswechseln weniger betroffene oder abhängige untere Ebene der Exekutive durchaus ein eigenes Leben führt. Ein einzelnes Beispiel sei hierzu für den Bundesgrenzschutz genannt, der in den US Cables als Problem genannt worden war [77] und vom sozialistischen EU-Abgeordneten, EU Kommissionsmitglied und früheren Zollbeamten Dr. Dieter Rogalla als „ein Staat im Staate" bezeichnet wurde [78].

Denkbar ist auch, daß die untere Führungsebene den Minister oder Bundeskanzler bewusst nicht informiert, damit diese im Falle eines Mißerfolges nicht in Mithaftung genommen werden können[79]. Diese Handhabung des Schutzes der Führung steht im Gegensatz zu dem Fall, wo vermutet wird, bestimme Handel könnten nicht ohne Rückendeckung der obersten Führung geschehen. Und schließlich gibt es die Möglichkeit, daß Militär, Sicherheitskräfte und Geheimdienste vollständig fremder Kontrolle unterliegen, wie es zum Beispiel in Italien der Fall gewesen sein soll [80].

---

77   NARA AAD, US State Department, Cable Document Number 1975BONN04346.
      „4. *With two notable exceptions, we were satisfied with German-Allied contacts in Bonn on the case. Exceptions are, of course, Buback matter and Bundesgrenzschuetz (BGS) personnel in Berlin.*"

78   Dieter Rogalla, Sattelfest – Europa erfahren. Tagebuch: Aus Nordrhein-Westfalen per Fahrrad durch den Kontinent. N.P. Engel Verlag, Seite 72, 1987. Am 24. 7. 1986 zum Ferienbeginn in NRW war bei einem Fraunhofer Institut an der RWTH Aachen eine Bombe explodiert. Dies war 18 Tage nach dem Sprengstoffanschlag auf IBM Manager Beckurts. Der BGS veranlasste in Aachen eine unsinnige totale Ausreisekontrolle mit Ringfahndung zur Terroristenfahndung, während der Polizeipräsident in Aachen und das LKA NRW und BKA keine solche veranlasst hatten. Rogalla beschreibt hierzu, wie ein „Staat im Staate" an der gewählten Regierung und an den Bürgern vorbei ein Eigenleben führt und in die Bürgerrechte eingreift.

79   Gerd-Helmut Komossa, Die deutsche Karte, Das verdeckte Spiel der geheimen Dienste, Ein Amtschef des MAD berichtet, ARES Verlag, 9. Auflage Graz 2014, SBN 978-3-902475-34-3, Seite 190.

80   Regine Igel, Terrorjahre, Die dunkle Seite der CIA in Italien, F.A. Herbing

Vor diesem Hintergrund klingen Vermutungen, daß z.B. bei der Geiselbefreiung in Mogadischu östliche und westliche Geheimdienste in einer der Öffentlichkeit nicht näher bekannten Weise zusammengearbeitet haben müssten, wie von Michael „Bommi" Baumann (Terrorist der Bewegung 2. Juni) geäußert, glaubhaft. Und auch die Bekräftigung von GSG 9-Chef Ulrich Wegener, daß die Befreiung der Geiseln in der Landshut in Mogadischu ganz sicher klappen würde, wirft die Frage auf, warum er sich denn so sicher sein konnte. Damit sind allen denkbaren Spekulationen, daß die sich gegenüberstehenden Geheimdienste aus West und Ost auch bei anderen Operationen einander dienlich oder gar dienstbar gewesen sein könnten, die Tore weit geöffnet.

Die US amerikanischen Depeschen haben die Ermordung Bubacks und die Nachlese noch bis zum Oktober 1977 zum Thema gehabt[81], aber danach ist die Causa Buback abgeschlossen und der Problemkomplex Viermächte-Status von Berlin offenbar befriedet gewesen. Von der RAF war bald nur noch die Rede, Aktionen gab es keine mehr. Es gab auch keine weiteren politisch sensitiven Enttarnungen von Spionen mehr.

Seinen Aufsatz [28] beendet Dahlke mit der Feststellung, die Lorentz-Entführung habe gezeigt, wie verschlungen der Weg zur heutigen Verantwortlichkeit in der Terrorismus*bekämpfung* gewesen sei. [82] Komplementär hierzu zeigt das kriminalistisch ungeklärte Attentat auf Buback, wie verschlungen der Weg zur damaligen Verantwortlichkeit des Terrorismus selbst gewesen ist. Die Umschreibung, daß Terrorismus eine Kiste mit doppeltem Boden sei, wie Kraushaar einen Terrorismusexperten zitiert,[83] ist durchaus angebracht.

Verlagsbuchhandlung GmbH, 2006, in dem ein Ministerpräsident Italiens vor Gericht erklärt, die italienischen Geheimdienste hätten nicht italienischer Regierungskontrolle unterlegen.

81   NARA AAD, US State Department, Cable Document Number 1977USBERL03045

82   Zum gegenwärtigen Stand der Bund-Länder-Verteilung bei der Abwehr terroristischer Gefahren vgl. Christian Tams, Die Zuständigkeit des Bundes für die Abwehr terroristischer Gefahren, in: Die öffentliche Verwaltung 60 (2007), S. 367–375].

83   Wolfgang Kraushaar (Hg.) Einleitung – Zur Topologie des RAF-Terrorismus, in „Die RAF und der linke Terrorismus", Band 1, Seite 30. Hamburger Institut für Sozialforschung. 1. Auflage November 2006, ISBN-13 978-3-936- 096-65-1 (Bd. 1-2).

9   Warum Buback und nicht Prinzing?

Sowohl Generalbundesanwalt Buback wie der Vorsitzende Richter des 6. Strafsenats Prinzing galten als Zielpersonen von Anschlägen. Es wurde bereits im vorhergehenden Abschnitt erwähnt, daß Andreas Baader gegenüber Prinzing eine Äußerung beim Stammheimer Prozeß gemacht hat, die als Morddrohung zu verstehen war (28. Oktober 1975: *„Wir sind sicher, Prinzing, daß Sie hier auch an Ihrem eigenen Urteil arbeiten.“*).

Am 13. Januar 1977 wurde bekannt, daß der Vorsitzende des 6. Strafsenats Theodor Prinzing vor seinen wichtigen Senatsbeschlüssen mit Mitgliedern des 3. Strafsenats beim Bundesgerichtshof - der nächsten Berufungsinstanz! - Rücksprache gehalten hatte. Dies wurde von einem der Pflichtverteidiger korrekt als Besorgnis der Befangenheit gewertet.

Im Stammheimer Verfahren hat es zahllose Befangenheitsanträge der Wahlverteidiger gegeben, aber erst der Befangenheitsantrag eines der Pflichtverteidiger hatte zum Rücktritt des Senatsvor-sitzenden Prinzing geführt. [84] Kühnert liefert in seinem Artikel in der Zeit vom 4. Februar 1977 eine kurze Chronologie zum Rücktritt von Prinzing. Stellenweise gleichen sich die Portraits von Buback und Prinzing („Ehrgeiz, Ordnungssinn, ein fast gequältes Liebe-Haß-Verhältnis zur Öffentlichkeit, Bewährungsdrang, das waren Prinzings Motive dafür, daß er sich um den Vorsitz für den Prozeß gedrängt hatte.“). [85] Insgesamt aber wird Prinzing in dem Artikel eher als ein schwacher Charakter dargestellt, während Buback nach allem Dafürhalten als cool, sicher und selbstbewusst beschrieben werden kann.

Offensichtlich zählte Prinzing spätestens nach Baaders Drohung im Gerichtssaal als potentielles Anschlagsopfer. Bevor es aber zu einem Attentat auf ihn kam, wurde er aus dem Gerichtsverfahren abgezogen, und es gab keinen vernünftigen Grund mehr, ein Attentat auf ihn durchzuführen, wie Prinzing selber in einem Interview mit dem Tagesspiegel ausführt. [86]

---

84   Gerhard Mauz, in: Der Spiegel vom 24.01.1977. „Das kommt alles vom Rechtsanwalt Schily“. Zum Ausscheiden des Richters Prinzing in Stuttgart-Stammheim.
http://www.spiegel.de/spiegel/print/d-41001965.html

85   Zeit, 4. Februar 1977. Baader-Meinhof Prozeß. Stammheim ohne Prinzing. Warum der Gerichtsvorsitzende gescheitert ist, von Hanno Kühnert.
http://pdf.zeit.de/1977/06/stammheim-ohne-prinzing.pdf

Buback hingegen stellte einen stärkeren und nicht kompromittierbaren Charakter dar. So hatte Buback sich zum Beispiel gegen die Kronzeugenregelung gewandt, und zwar aus grundsätzlichen rechtsstaatlichen Erwägungen und Überzeugung, wie er in einem vielbeachteten Interview deutlich gemacht hatte. [87]

In demselben Interview äußerte Buback mit Blick auf seien gute Zusammenarbeit mit BKA-Chef Horst Herold: „*Staatsschutz lebt davon, daß er von Leuten wahrgenommen wird, die sich dafür engagieren. Und Leute, die sich dafür engagieren, wie Herold und ich, die finden immer einen Weg.*" Dieser Satz wurde von

---

86 Der Tagesspiegel.„Baader wäre als Soldat ganz brauchbar gewesen", vom 14. Oktober 2007.

(Dr. Theodor Prinzing): *Ich sagte mir: Du hast den Krieg überlebt. Viele deiner Altersgenossen sind gefallen, du durftest weiterleben. Wenn jetzt das Schicksal zuschlägt, dann ist es eben so. Nur kein Selbstbedauern! Ich war allerdings schon überrascht, als ich 1979 erfahren habe, daß tatsächlich ein Anschlag auf mich geplant war.*

(Tagesspiegel): *Man hat versucht, Sie zu töten?* (Dr. Theodor Prinzing): *Ein mit Propangasflaschen und einer Bombe beladenes Auto sollte bei meiner Vorbeifahrt in die Luft fliegen. Die Sache verzögerte sich, weil die Akteure mit einer neuartigen Funkzündung nicht zurechtkamen; Amateurfunker funkten immer wieder dazwischen und lösten das System mit ihren Signalen unkontrollierbar aus. Dann schied ich aus dem Verfahren aus, und der Plan „schlief ein". Das stimmte mich gegenüber bestimmten Journalisten versöhnlicher.* (Tagesspiegel): *Wie bitte?* (Dr. Theodor Prinzing): *Die Journalisten förderten zwar die Stimmung, die die Leute in den Glauben versetzte, es sei gerechtfertigt, mich umzubringen. Und irgendwo waren die Journalisten auch maßgeblich mitverantwortlich für meinen zermürbten Zustand, der letztlich nach 174 Verhandlungstagen mit zur Ablösung geführt hatte. Aber so wurden sie vielleicht auch kleine Lebensretter.*

87 Rolf Lamprecht, Hans-Wolfgang Sternsdorff, in: Spiegel vom 16.02.1976. „Der Rechtsstaat auf dem Hackklotz". Generalbundesanwalt Siegfried Buback über die strafrechtliche Bewältigung des Terrorismus. Im Gespräch mit Spiegel-Redakteuren. SPIEGEL: Aber bei der derzeitigen Kompetenzverteilung muß das Bundeskriminalamt, wenn es eine bundesweite Fahndungsaktion starten will, erst zu 15 oder 20 Staatsanwälten in den Ländern reisen und sich Durchsuchungsbefehle beschaffen, bevor es überhaupt losgehen kann. Bis dahin ist schon alles durchgesickert. BUBACK: In der Praxis finden wir da immer einen Weg. Zwischen Herrn Herold, dem BKA-Chef, und mir funktioniert die Zusammenarbeit reibungslos. Da brauchen wir keine Zuständigkeitsregelung. Der Staatsschutz lebt davon, daß er von Leuten wahrgenommen wird, die sich dafür engagieren. **Und Leute, die sich dafür engagieren, wie Herold und ich, die finden immer einen Weg**. Wenn Sie eine gesetzliche Regelung haben und sie mal strapazieren müssen, funktioniert sie ja meistens doch nicht.

Liberalen wie Linksradikalen als Verbündung von Exekutive und Judikative - mithin als Verletzung der verfassungsrechtlichen Prämiße der Gewaltenteilung! - interpretiert und von den Verfassern des Bekennerschreibens zu Bubacks Ermordung mit dem Satz *"für 'akteure des systems selbst' findet die geschichte immer einen Weg"* gewissermaßen als Motto für das Attentat quittiert.

Man muß sich fragen, wer in der RAF intellektuell zu Formulierung dieses Zusammenhangs fähig gewesen ist. Herold hingegen hatte sich von Bubacks Beschreibung der Zusammenarbeit von BKA und Bundesanwaltschaft distanziert, und Bubacks Äußerung wurde auch in einer Bundestagsdebatte kritisch thematisiert. [88] Buback zog auch internationale Kritik auf sich, weil er gegen die Wahlverteidiger der RAF Terroristen ermittelte und einige davon vom Prozeß ausgeschlossen wurden. [89]

10 Sachkenner bei der Presse gießen Öl ins Feuer

Die Tageszeitung „Die Welt" und ihr Verleger Axel Springer tauchen mehrmals in provokantem Zusammenhang im Berlin-Konflikt auf. Axel Springer hatte eine persönliche und offensive Beziehung zu Berlin als Hauptstadt Deutschlands, in welcher womöglich der Ursprung der Konfrontation der an anderer Stelle hier genannten Pressemitteilungen mit der Teilung Berlins und der Lorentzentführung und dem Einschreiten Bubacks zusammenhängen. In einem Cable nach Washington wird berichtet,

---

88 Süddeutsche Zeitung vom 19. Mai 2010. Mord an Buback. Ein "anständiger Mann" als Hassfigur.
„Der kurzgeschlossene Meinungsaustausch zwischen Buback und Herold verzahnte die Arbeit der beiden Behörden, also der Bundesanwaltschaft und des Bundeskriminalamts, so eng, daß beide wie eine Einheit erschienen: als Anti-RAF-Komplex. Buback war einer, der das beiseite räumte, was er für "Nebensächlichkeiten, Etikettefragen und Zwirnsfäden" hielt; Hauptsache, die Fahndung und die Ermittlungen funktionierten. Liberale Kritiker monierten die Verwischung der Kompetenzen, die Verteidiger im Stammheim-Prozeß sprachen von einer polizeilichen Machtübernahme."

89 Der Spiegel, 30. Juni 1975). Baader-Anwalt Hans-Heinz Heldmann: "Und wieder schlug der Buback zu, da waren's nur noch vier."

daß Axel Springer um einen Waffenschein in Berlin nachsuche, damit er sich bei einem Anschlag verteidigen könne.[90]

Daß „die Presse" offenbar über Versuche von Einflussnahmen eine maßgebliche Rolle bei politischen Sachverhalten spielte, zeigt sich in einer Ansprache von Bundespräsident Walter Scheel 1977, in welcher er vor Mißbrauch der Pressefreiheit und vor der Konzentration von Presseorganen warnt. [91] Bereits über 15 Jahre vorher hatte US Präsident John F Kennedy in einer ähnlichen Ansprache vor Mißbrauch von Pressefreiheit gewarnt und bei Journalisten Eigenverantwortung angemahnt. [92]

Wie aus den Cables der US Botschaft und den Akten zur Außenpolitik ersichtlich wird, wurde der Presse seitens der Alliierten wie auch seitens der Bundesregierung eine ungewünschte Einflussnahme auf die Berlin-Politik vorgeworfen.[93] In wenigstens einem Fall wurde von Berliner Tageszeitungen verlangt, daß sie Richtigstellungen betreffend die Zuständigkeit der Bundesanwaltschaft in Berlin veröffentlichten.

Am 7. Februar 2008 berichtet die amerikanische Vertretung in Frankfurt nach Washington ins State Department und Department of Justice vom Gerichtsprozeß, in dem RAF Mitglieder zur gerichtlichen Aussage gezwungen werden.[94]

---

90   NARA AAD, US State Department, Cable Document Number 1977USBERL03045

91   NARA AAD, US State Department, Cable Document Number 1977STUTTG01728

92   John F. Kennedy, Address before the American Newspaper Publishers Association, „The President and the Press", 27. April 1961.
     http://www.jfklibrary.org/Research/Research-Aids/JFK-Speeches/American-Newspaper-Publishers-Association 19610427.aspx

93   NARA AAD, US State Department, Cable Document Number 1976USBERL02003.
       „We are concerned, however, that matter has already received so much publicity and been so linked in public's eye to other allied restrictions on Federal Prosecutor's activity, notably of issuance of BK/O on anti-terrorism law, that this decision, if taken, would be attributed either to allied pressure or an allied refusal to consider ways in which an effective federal prosecution could occur. Allies could then come under increasing attack for taking allegeldy more restrictive policy on FRG-Berlin ties in face of soviet pressure."

94   NARA AAD, US State Department, Cable Document Number 08FRANKFURT359_a

11 Schlussbetrachtung

Seriöse Politiker wie Gerhard Baum oder ein Hochschullehrer wie Michael Buback, der als Wissenschaftler jedenfalls grundsätzlich im Ruf steht, der Objektivität verpflichtet zu sein, sind der Meinung, daß es bei den Gerichtsverfahren um die Terrorattentate nicht mit rechten Dingen zugegangen ist.

Es hat sich herausgestellt, daß einige Gerichtsverfahren zur Aburteilung von Terroranschlägen und diesbezüglichen Unterstützungstaten mit bedenklichen Mängeln bei der Wahrheitsfindung behaftet sind, nicht zuletzt das Buback-Attentat. Ein weiteres Beispiel ist das Verfahren gegen Monika Haas, welcher vorgeworfen wird, an der Entführung des Lufthansa Flugzeugs Landshut beteiligt gewesen zu sein. Entscheidend für ihre Verurteilung waren Zeugenaussagen von anonym gehaltenen Geheimdienstmitarbeitern.[95] Zu Recht wird daher die Frage gestellt, warum Terrorfälle von der Polizei und Justiz eigentlich nicht ausreichend aufgeklärt werden.[96]

Wenn nach den menschlichen Maßstäben der RAF Terroristin Verena Becker, welche gemäß Gerichtsurteilen gemeinschaftlich vier Menschenleben auf dem Gewissen hat, das Attentat auf Buback von ihr selbst als „schmutzige Geschichte" bezeichnet wird[97], dann muß es sich dabei um mehr handeln als nur um einen Mordanschlag von Terroristen, wie der Sohn des Ermordeten richtig – und im Einklang mit der von ihm lange verdächtigten Mörderin seines Vaters - feststellt.[98]

---

95 BGH 3 StR 377/99 - Urteil v. 11. Februar 2000 (OLG Frankfurt/Main). Grenzen bei der Beweiswürdigung von anonymen Quellen; "In camera" - Verfahren im Strafprozeß nicht zulässig Gerichtsurteile gegen Monika Haas. Vgl. Monika Haas' PROZESSERKLÄRUNG 30. März 1998
http://www.socialhistoryportal.org/sites/default/files/raf/0019980330_0.pdf

96 Das RAF Phantom Seite 195 zur Frage, warum das BKA noch keinen Terrorfall seit 1981 aufgeklärt hat und warum die Presse keine Fragen stellt, in "Publizistik und Kunst 40 (1991), Nr. 2 (Februar 1991), S. 10 – 11.".

97 Brief von Michael Buback an den Spiegel: Nr. 28/2012, Das Urteil über Verena Becker. Schützende Hand? Vgl. taz - die tageszeitung vom 28. November 2010 Bericht von Christian Rath: Michael Buback lässt sich nicht beirren. Der Nebenkläger sieht in der Ex-Terroristin Verena Becker immer noch die Frau, die seinen Vater erschoß. Beobachter zweifeln inzwischen daran.

98 Michel Buback, Schlussplädoyer als Nebenkläger im Verena Becker Prozeß vor dem

Konsequent stellte der Sohn des ermordeten GBA, Michael Buback, der von ihm verdächtigten Verena Becker die Frage, was sie denn mit „schmutzige Geschichte"[99] gemeint habe, nachdem sie vor dem Richter eine Erklärung verlesen hatte, in der sie ihre Unschuld beteuert hatte.[100]

Am 6. Juni 2015 äußerte sich Wolfgang Schäuble im Deutschlandfunk abweisend zu Gerüchten, daß es in der Regierung oder bei den Behörden Erkenntnisse gegeben habe, daß RAF-Terroristen mit östlichen Geheimdiensten für deren Abtauchen in der DDR zusammengearbeitet hätten. [101] Vergleiche hierzu Kanzler Schmidt im Gespräch mit Falin 1978 und seine Vermutung, die Terroristen seien nur eine Handvoll und wohl im Ausland abgetaucht.

Daß in Westdeutschland niemand im Staatsdienst davon wusste, kann man glauben oder nicht. Zieht man zum Vergleich die Maßnahmen zur Kronzeugenregelung heran, ist es durchaus möglich, daß es doch innerhalb der Exekutive Instrumente gibt, um Menschen, ob Terrorist oder Kronzeuge – im hier genannten Falle nämlich beides, eine sichere Zukunft von Staats

---

OLG Stuttgart.

http://www.3sat.de/kulturzeit/pdf/Buback_Plaedoyer_140612.pdf

99   Schlussvortrag von Michael Buback in der Hauptverhandlung gegen die Heilpraktikerin Verena Christiane Becker:

http://www.3sat.de/kulturzeit/pdf/Buback_Plaedoyer_140612.pdf

100   Andrea Hanna Hünniger, in: DIE WELT vom 16.05.12. „Ob sie aber über Oberammergau: Deutsches Theater: Auch der letzte Cliffhanger bringt den Prozeß gegen Verena Becker keiner Auflösung näher".

http://www.welt.de/print/die_welt/kultur/article106319868/Ob-sie-aber-ueber-Oberammergau.html

101   (Monika Dittrich, in: Deutschlandfunk; RAF-Terroristin Susanne Albrecht Faustpfand für die Stasi http://www.deutschlandfunk.de/raf-terroristin-susanne-albrecht-faustpfand-fuer-die-stasi.724.de.html?dram:article_id=321899): (Wolfgang Schäuble) *„Niemand wusste etwas, und alles, was heute erzählt wird, daß es Vermutungen gegeben hat, beim BND oder beim BKA, das ist alles Lüge, um die eigene Hilflosigkeit zu übertünchen. Diese kriminelle Energie hat man dem DDR-Geheimdienst nicht zugetraut."* Ehemaliger DDR-Innenminister Michael Diestel: „Ich bin dann sofort nach Bonn gefahren und habe mich mit Schäuble getroffen, der damals Bundesinnenminister war. Und muss einfach sagen, diese Geheimdienstgeschichten, die empfand ich als unappetitlich, als säuisch, als zerstörerisch."

wegen zu bieten (Spiegel: *„Kripo und Bundesanwaltschaft haben sich auf dunkle Geschäfte mit Terroristen eingelassen."*). [102]

Ein altes Sprichwort sagt, *„nirgendwo wird so viel gelogen, wie vor Gericht"*. Schlechterdings kann man daher von einem Gericht nicht Gerechtigkeit erwarten. Was man bekommt, ist ein Urteil. Auf Grundlage der Gerichtsakten, Plädoyers, Presseberichte und individuellen Stellungnahmen von informierten Beobachtern, Zeugen, Zeitzeugen und Akteuren und aus den mittlerweile zugänglich gemachten oder anderweitig bekanntgewordenen vertraulichen offiziellen Berichten kann und muß sich der interessierte Bürger sein eigenes Urteil bilden.

Vielleicht ist es jetzt immer noch zu früh, um die Schlussfolgerungen, die man aus dem Gesamtbild ziehen kann, öffentlich auszusprechen.

Am 15. April 1977 berichtet die US Botschaft, GBA Ankläger Wunder hätte mit seiner Frage, ob die Buback Mörder alten Befehlen gefolgt seien, die Buback Mörder mit der RAF in Stammheim in Zusammenhang gebracht. [103] Dieser Zusammenhang besteht wegen der Haag-Papiere. Inwieweit diese als RAF-authentisch angesehen werden können, wurde bereits erörtert.

Wer hinter dem Attentat auf Siegfried Buback steckte, läßt sich allenfalls erahnen. Die mit hoher Professionalität ausgeführte Tat läßt darauf schließen, daß sehr gut ausgebildete Täter am Werk waren. Ob die im Ausbildungslager in Jemen trainierten deutschen RAF und Bewegung 2. Juni Kämpfer das Format dafür hatten, als Haupttäter in Frage zu kommen, unterliegt damit – jedenfalls aus Sicht des Autors - einem grundsätzlichen Zweifel.

Daß Buback von den in Stammheim inhaftierten Baader, Ensslin und Raspe als Anschlagsopfer ausgewählt worden ist, stößt sich mit Baaders

---

102 Spiegel vom 14. 5. 1979 zum RAF-Terroristen und Kronzeugen Gerhard Müller: Laut jüngster amtlicher Version ist Müller auch für die Justiz jetzt "nicht mehr erreichbar". (Spiegel: Kripo und Bundesanwaltschaft haben sich auf dunkle Geschäfte mit Terroristen eingelassen.)

103 NARA AAD, US State Department, Cable Document Number 1977STUTTG00651. *4. Prosecutor Wunder also referred to murder of federal attorney general Buback and two others saying Stuttgart trial should not be affected by anger stemming from murder. However, Wunder indirectly suggested imprisoned anarchists may be responsible for the Karlsruhe murders since it not yet known whether the Karlsruhe murders had acted „faithful to the old orders".*

direkter Drohung an Prinzing im Gerichtssaal. Baader hatte Prinzing genannt, aber Buback war in seiner operativen Funktion ein Opfer, dessen Ausschaltung einen größere Wirkung hatte. Unstrittig ist, daß Buback für viele Interessengruppen zur Belastung und für manche wahrscheinlich zur Bedrohung geworden war.

Bubacks Ermittlungen im RAF-Prozeß hätten womöglich unangenehme Fragen und Widersprüche aufgeworfen, welche die Interessen mancher Geheimdienste und der hinter ihnen stehenden Mächte tangiert hätten. Mit den alliierten Auseinandersetzungen über Berlin und dem RAF-Prozeß in Stammheim multiplizierten und verdichteten sich die Wahrscheinlichkeiten im Jahr 1976, daß Siegfried Buback einem Anschlag zum Opfer fallen würde.

Der für Buback abgestellte staatliche Personenschutz stellte am Ende keinen Schutz mehr dar.

Sach- und Namenverzeichnis